甘阳 主编

文化：中国与世界新论

*

要命的地方

家庭、生育与法律

赵晓力 著

生活·讀書·新知 三联书店

Copyright © 2023 by SDX Joint Publishing Company.
All Rights Reserved.
本作品版权由生活・读书・新知三联书店所有。
未经许可，不得翻印。

图书在版编目（CIP）数据

要命的地方：家庭、生育与法律/赵晓力著．—北京：
生活・读书・新知三联书店，2023.10（2024.9重印）
（"文化：中国与世界"新论）
ISBN 978-7-108-07679-3

Ⅰ.①要…　Ⅱ.①赵…　Ⅲ.①法律－研究－中国
Ⅳ.①D920.4

中国国家版本馆CIP数据核字(2023)第117973号

责任编辑	宋林鞠
装帧设计	薛　宇
责任校对	张国荣
责任印制	董　欢
出版发行	生活・讀書・新知 三联书店
	（北京市东城区美术馆东街22号 100010）
网　　址	www.sdxjpc.com
经　　销	新华书店
印　　刷	北京隆昌伟业印刷有限公司
版　　次	2023年10月北京第1版
	2024年9月北京第2次印刷
开　　本	850毫米×1092毫米　1/32　印张7.125
字　　数	147千字
印　　数	6,001－8,000册
定　　价	59.00元

（印装查询：01064002715；邮购查询：01084010542）

"文化：中国与世界"新论

缘　起

百年前，梁启超曾提出"中国之中国"，"亚洲之中国"，以及"世界之中国"的说法。进入 21 世纪以来，关于"世界之中国"或"亚洲之中国"的各种说法益发频频可闻。

但所谓"中国"，并不仅仅只是联合国上百个国家中之一"国"，而首先是一大文明母体。韦伯当年从文明母体着眼把全球分为五大历史文明（儒家文明、佛教文明、基督教文明、伊斯兰文明、印度教文明）的理论，引发日后种种"轴心文明"讨论，至今意义重大。事实上，晚清以来放眼看世界的中国人从未把中国与世界的关系简单看成是中国与其他各"国"之间的关系，而总是首先把中国与世界的关系看成是中国文明与其他文明特别是强势西方文明之间的关系。二十年前，我们这一代人创办"文化：中国与世界"系列丛书时，秉承的也是这种从大文明格局看中国与世界关系的视野。

这套新编"文化：中国与世界"论丛，仍然承继这种从文明格局看中国与世界的视野。我们以为，这种文明论的立场今天不但没有过时，反而更加迫切了，因为全球化绝不意味着将消解所有历史文明之间的差异，绝不意味着走向无分殊的全球一体化文明，恰恰相反，全球化的过程实际更加突出了不同人民的"文明属性"。正是在全球化加速的时候，有关文明、文化、民族、族群等的讨论日益成为全球各地最突出的共同话题，既有所谓"文明冲突论"的出场，更有种种"文明对话论"的主张。而晚近以来"软实力"概念的普遍流行，更使世界各国都已日益明确地把文明潜力和文化创造力置于发展战略的核心。说到底，真正的大国崛起，必然是一个文化大国的崛起；只有具备深厚文明潜力的国家才有作为大国崛起的资格和条件。

哈佛大学的张光直教授曾经预言：人文社会科学的 21 世纪应该是中国的世纪。今日中国学术文化之现状无疑仍离这个期盼甚远，但我们不必妄自菲薄，而应看到这个预言的理据所在。这个理据就是张光直所说中国文明积累了一笔最庞大的文化本钱，如他引用芮沃寿（Arthur Wright）的话所言："全球上没有任何民族有像中华民族那样庞大的对他们过去历史的记录。两千五百年的正史里所记录下来的个别事件的总额是无法计算的。要将二十五史翻成英文，需要四千五百万个单词，而这还只代表那整个记录中的一小部分。"按张光直的看法，这笔庞大的文化资本，尚未被现代中国人好好利用过，因为近百年来的中国人基本是用西方一时一地的理论和观点去看世界，甚至想当然地以为西方的理论观点都具有普遍性。但是，一旦"我们跳出一切成见的圈子"，倒转过来以中国文明的历史视野去看世界，那么中国文明积累的这笔庞大文化资本就会发挥出其巨大潜力。

诚如张光直先生所言，要把中国文明的这种潜力发挥出来，我们需要同时做三件事，一是深入研究中国文明，二是尽量了解学习世界史，三是深入了解各种西方人文社会科学理论，有了这三个条件我们才能知所辨别。做这些工作都需要长时间，深功夫，需要每人从具体问题着手，同时又要求打破专业的壁垒而形成张光直提倡的"不是专业而是通业"的研究格局。这套丛书即希望能朝这种"通业研究"的方向做些努力。我们希望这里的每种书能以较小的篇幅来展开一些有意义的新观念、新思想、新问题，同时丛书作为整体则能打破学科专业的篱笆，沟通中学与西学、传统与现代、人文学与社会科学，着重在问题意识上共同体现"重新认识中国，重新认识西方，重新认识古典，重新认识现代"的努力。

之所以要强调"重新认识"，是因为我们以往形成的对西方的看法，以及根据这种对西方的看法而又反过来形成的对中国的看法，有许多都有必要加以重新检讨，其中有些观念早已根深蒂固而且流传极广，但事实上却未必正确甚至根本错误。这方面的例子可以举出很多。例如，就美术而言，上世纪初康有为、陈独秀提倡的"美术革命"曾对20世纪的中国美术发生很大的影响，但他们把西方美术归结为"写实主义"，并据此认为中国传统美术因为不能"写实"已经死亡，而中国现代美术的方向就是要学西方美术的"写实主义",所有这些都一方面是对西方美术的误解,另一方面则是对中国现代美术的误导。在文学方面,胡适力图引进西方科学实证方法强调对文本的考证诚然有其贡献,但也常常把中国古典文学的研究引入死胡同中,尤其胡适顽固反对以中国传统儒道佛的观点来解读中国古典文学的立场更是大错。例如他说"《西游记》被三四百年来的无数道士和尚秀才弄坏了",认为儒道佛的"这些解说都是《西游记》的大敌",但正如《西游记》英译者余国藩教授所指出,胡适排斥儒道佛现在恰恰成了反讽,因为欧美日本中国现在对《西游记》的所有研究成果可以概观地视为对胡适观点的驳斥,事实上,"和尚、道士和秀才对《西游记》的了解,也许比胡适之博士更透彻、更深刻!"。

同样,我们对西方的了解认识仍然远远不够。这里一个重要问题是西方人对自己的看法本身就在不断变化和调整中。例如,美国人曾一度认为美国只有自由主义而没有保守主义,但这种看法早已被证明乃根本错误,因为近几十年来美国的最大变化恰恰是保守主义压倒自由主义成了美国的主流意识形态,这种具有广泛民众基础而且有强烈民粹主义和反智主义倾向的美国保守主义,几乎超出所有主流西方知识界的预料,从而实际使许多西方理论在西方本身就已黯然失色。例如西方社会科学的基本预设之一是所谓"现代化必然世俗化",但这个看法现在已经难以成立,因为正如西方学者普遍承认,无论"世俗化"的定义如何修正,都难以解释美国今天百分之九十以上的人自称相信宗教奇迹、相信上帝的最后审判这种典型宗教社会的现象。晚近三十年来是西方思想变动最大的时期，其变动的激烈程度只有西方17世纪现代思想转型期可以相比，这种变动导致几乎所有的问题都在被重新讨论，所有的基本概念都在重新修正，例如什么是哲学，什么是文学，什么是艺术，今天都已不再有自明的答案。但另一方面，与保守主义的崛起有关，西方特别是美国现在日益呈现出知识精英与社会大众背道而驰的突出现象：知识精英的理论越来越前卫，但普通民众的心态却越来越保守，这种基本矛盾已经成为西方主流知识界的巨大焦虑。如何看待西方社会和思想的这种深刻变化，乃是中国学界面临的重大课题。但有一点可以肯定：今天我们已经必须从根本上拒斥简单的"拿来主义"，因为这样的"拿来主义"只能是文化不成熟、文明不独立的表现。中国思想学术文化成熟的标志在于中国文明主体性之独立立场的日渐成熟，这种立场将促使中国学人以自己的头脑去研究、分析、判断西方的各种理论，拒绝人云亦云，拒绝跟风赶时髦。

黑格尔曾说，中国是一切例外的例外。近百年来我们过于迫切地想把自己纳入这样那样的普遍性模式，实际忽视了中国文明的独特性。同时，我们以过于急功近利的实用心态去了解学习西方文明，也往往妨碍了我们更深刻地理解西方文明内部的复杂性和多样性。21世纪的中国人应该已经有条件以更为从容不迫的心态、更为雍容大气的胸襟去重新认识中国与世界。

承三联书店雅意，这套新编论丛仍沿用"文化：中国与世界"之名，以示二十年来学术文化努力的延续性。我们相信，"文化"这个概念正在重新成为中国人的基本关切。

甘　阳

2007年中秋于杭州

目 录

序（苏力）　*1*

一　秋菊的官司（电影《秋菊打官司》）　*7*
二　祥林嫂的问题（鲁迅《祝福》）　*29*
三　窦娥的冤屈（关汉卿《窦娥冤》）　*47*
四　舜"窃负而逃"解（附：海滨——故事新编）　*67*
五　魏连殳的自戕（鲁迅《孤独者》）　*97*
六　鲁滨逊的原罪（笛福《鲁滨逊漂流记》）　*119*
七　莫尔索的成年礼（加缪《局外人》）　*143*
八　K的时间（卡夫卡《审判》）　*159*

附　录｜女儿也是传后人　*173*
后　记　*201*

序

　　根据在清华法学院和新雅书院的部分讲稿，晓力完成了这本书。让我写个序。我很高兴，也很乐意。

　　这是中国法律与文学研究的一次重大拓展，也是对历史中国的法律文化的一次认真且深情的梳理。说这话，并非夸大。

　　在我看来，此前的中国学者的法律与文学研究，包括我自己的一些研究，在很大程度上，更多是从现代眼光来看传统中国的经典文学作品。最简单的，就是用来自现代西方的法律观来简单评判传统中国或现代文学作品中的"法律事件"；火药味往往很浓，更少，甚至没有学术智识的意味。传统中国被用作批判的靶子，根本不在乎那是不是中国，是谁心目中的中国。稍好一点，没有那么强烈的现代法治意识形态前见，但也更多借助历史距离和现代社会科技为当代人提供的后见之明，在一个稍微具体的社会环境中，同情地考察当代之前的中国农耕社区和村落中的纠纷解决，以及在科技和法律能力极为有限条件下的司法悲剧、难题和困境。

　　晓力的法律与文学研究，通过对文学文本和影片的"精读"，对历史的和农耕的中国的文化世界做了一种"深描"，在相当程度上重现了文学作品角色生活的文化世界和意义世界。这个工作在中国法学界，之前有人有过尝试，也努力了，包括我自己，但没有谁比晓力更深入，更真切，更用心，也因此更成功，更令人钦佩和感叹。

以《秋菊打官司》为例。晓力重构了陕西农民主要围绕着生育后代建构的那个文化世界及其意义——并且是冲突双方，秋菊和村长，均分享的那个世界。不但全然有别于以李公安等公家人的那个以解决民间纠纷为导向的世界，而且有别于我自己以及其他学人当年围绕现代法治在中国农村扎根所讨论的那个意义世界。说晓力重构，其实我用了大词，因为晓力只是用影片中相关人物的一句句对话，一个个行动，就令人信服地展现了一个我几乎没有察觉，因此也就谈不上重视的世界。从而，对我，也是对法律人，晓力的告诫是，你不能仅仅是愿意理解农民，你更得能听懂农民的话。他们的话，不仅是他们的物理生活世界、农耕村落的产物，也是他们精神文化生活世界的产物。

然后就是鲁迅先生的《祝福》。我认为，是晓力，通过他的精读，把这篇通常被理解为控诉旧社会的苦情小说"变成了"一篇法律与文学研究的经典文本。晓力由此不仅有贡献于法学，至少在我极为有限的相关阅读来看，可能也有贡献于文学研究，有贡献于鲁迅研究。他展现了鲁迅小说中隐含的思想和意义的丰富与深刻。甚至，晓力提出的问题对整个法律行业和众多法学人也具有某种警醒意义："《祝福》描绘了一个所有的旧的伦理系统，不管是儒家、道家还是佛家，统统失效的世界。……小说中的'我'，一个'新党'，也并没有做好重建新的伦理的准备。……'我'对祥林嫂的命运……（的）'同情'仅限于她的遭遇，而不包括她的伦理关切。……祥林嫂的三个问题，是在一个既有的伦理秩序完全崩塌的世界里提出的。任何致力于重建或新建某种伦理秩序的人，大概都需要严肃面对这些问题，并做出自己的回答。"当代中国的法律人或法学人，尽管不可能人人都有此种关注，但至少得有些人关注。并不是居高临下，关注他人的伦理关切，其实更重要的，或许是要想想，并想明白自己的伦理关切。

借助对古名家本《窦娥冤》的精读，晓力也重构并再现了窦娥及其背后作者的文化世界。他仔细比较两种《窦娥冤》文本，发现古名家本中窦娥的冤屈是双重的，除了众所周知的"法律之冤"（被冤杀人，真正的杀人者是张驴儿），还有隐藏不露的"伦理之冤"（被冤改嫁，真正的改嫁者是蔡婆婆）。侧重将后者——这一现代读者很容易忽视或将其打压的线索理清楚，并提了出来。这同样不仅是对法学的贡献，对元杂剧研究也是一个贡献，尽管我不知道在元曲研究中有没有人关注过这个问题。

但超越这些具体的发现，晓力对中国法学研究也有更一般意义的贡献。

首先，法律人必须关心行动者的具体的文化世界或意义世界，而不能只是关心当今中国的法律规则是不是符合某本教科书上的定理或原则，符合某段名人名言。我上面谈及的这三篇研究分别产生于当代中国、近代中国和历史中国。作品中每位具体的行动者，除了利益关切外，还有与之相伴的非常真切但各不相同的文化伦理关切,许多与当代法律人习惯假定并趋于努力追求的高度物质化的现代理性世界非常不同。在其他地方,我说过,中国民众及其日常生活并非是用来配合我们的法治理想,注释法律人坚信的法律教义的。

我提到的这三篇作品中的主角跨越古今的中国,虽各自的关切不同,却都相当具体,甚至细腻。与之相关的重要一点是,她们全都是女性。她们生活的具体文化世界和意义世界驱动她们做出了一些在许多旁观者看来不一定都能理解的选择和行动。秋菊一次次倔强上访,祥林嫂关于灵魂和家人的一次次询问,再到窦娥的拒绝改嫁,许多普通人的真实生活念想确实是法学人难以想象的,但仍然值得法律人理解和尊重。就此而言,在这三位女性的生活世界和她们的主观价值与意义世界中,"传宗接代"(秋菊),"(死后)家人相见"(祥林嫂),"(改嫁的)伦理之冤"(窦娥),都是当时女性的关切。因此作为一种副产品,晓力也给法律与文学研究带来了女性主义的视角。甚至,允许我的大胆冒昧,这些恰恰是当代许多女性法律人看不到、不理解、不承认的。

因此,经典的叙事文本,无论是电影、小说还是戏剧,都是值得细读的,因为其中潜藏的信息,往往,至少有时,原作者也未必能清醒意识到且有效表达。当同某个读者的经验和想象遭遇,激发或衍生出来的意义完全可能超出写作者的想象,是其他读者的感受和想象无法替代的。晓力以他几乎是逐字逐句的阅读和语境化的理解,以他的从容不迫的表达,为我们提供了精读的例证。这种技能,稍加转换,就是一种真正优秀的法律人的技能。背法条、记要件、套教义则不是，至少在英美法传统中不是。这是第三种贡献。在后记中，晓力谈及何美欢老师时，也曾提及这一点。"磨刀不误砍柴工"，在互联网时代，我们应当更有效地配置自己的智力，好不容易进化到有了互联网，可别拒绝与时俱进，还把大脑当成字典、词典、法典或"大全"的话，有那工夫，真不如打打游戏！

将近两年前，面对影视叙事作品的激增，以及相形之下，经典文学叙事作品、阅读和读者的减少——法律与文学的研究更少，我曾悲观地自我发问，还试图从社会角度解说：法律与文学在当代中国"为什么未老先衰？"（《法律科学》2021［04］）我认为"经典文学中的法律"仍可能长期存在，因为这很难被替代。作为教学材料，这些文学更便于年轻学生整体地理解那些反映了深刻人性的法律问题的复杂、深刻和恒久，如秩序、复仇、刑法、冤案、婚姻家庭、乱伦、契约、承诺、生死和自由等问题。丰满的经典文学个案更可能补充理论和概念的苍白与单一，提供开放的解释。话虽这样说，但在一定程度上，我也反思自己是不是"走夜路吹口哨，给自己的一意孤行壮壮胆"？现在有了晓力的这本书，很实在，新颖、独到且深刻，令我开了眼界，也促使我反思自己的分析和判断。

感谢晓力！

苏 力

2022年10月14日星期五

北大法学院陈明楼516室

电影《秋菊打官司》

一 秋菊的官司

人面不知何处去，桃花依旧笑春风。

——《秋菊打官司》片头曲

从苏力多年前在法学界讨论《秋菊打官司》开始，冯象等人关于这部电影的讨论随后，已经把《秋菊打官司》构造成在中国讨论"法律与社会"的一个经典电影文本。[1]本文权且作为对以上几位讨论的补充。我假定读者都看过这部电影，具体剧情就不多交代了。

---

[1] 苏力，《秋菊的困惑和山杠爷的悲剧》，见苏力，《法治及其本土资源》（修订版），中国政法大学出版社，2004，页23—40；冯象，《秋菊的困惑》，《读书》1997（11），页3—7；江帆，《法治的本土化与现代化之间：也说秋菊的困惑》，《比较法研究》1998（02），页102—105；凌斌，《普法、法盲与法治》，《法制与社会发展》2004（02），页126—140。近年来的研究主要有：陈柏峰，《秋菊的"气"与村长的"面子"：〈秋菊打官司〉再解读》，《山东大学学报（哲学社会科学版）》2010（03），页46—53；凌斌，《村长的困惑：〈秋菊打官司〉再思考》，《政治与法律评论》2011（01），页184—210；徐斌，《教化权、官员伦理与秩序变迁：以〈秋菊打官司〉中的李公安为分析对象》，《政治与法律评论》2013（01），页145—178；尤陈俊，《中国法治事业中的空间因素与性别因素：从〈秋菊打官司〉的角色隐喻切入》，《学习与探索》2013（03），页73—80；强世功，《告别国家法一元论：秋菊的困惑与大国法治道路》，《东方学刊》2018（02），页43—55，130。

一 说法

《秋菊打官司》让"说法"这个词不胫而走。网上随便搜索一下"讨说法",就会发现一大堆这样的新闻,比如,"美容'美'出'皮炎',官司受害者讨说法","1.68万亿不良贷款要讨说法","母亲为女儿之死讨说法被精神病院强制治疗22天","蛋糕里吃出苍蝇讨说法,消费者遭厂家电话恐吓","哥哥讨'说法'讨来一顿乱棍",等等,讨说法似乎已经成为法律上"争取权利"的一个通俗说法,或者"要公道"的一个当代表达。

看这些报道,人们在"讨说法"的时候,好像都知道自己要讨的那个具体"说法"是什么,但是电影里秋菊要的那个"说法"究竟是什么,却不是很清楚。秋菊第一次要说法,是丈夫万庆来被村长王善堂打伤之后,拿着医院开的检查证明,到村长家里:

> 秋菊:村长,庆来有没有伤,咱说了也不算,这是医院大夫开的证明,你看一下,咋办么?
> 村长:该咋办咋办。
> 秋菊:人是你踢的,你说咋办?
> 村长:要我说,问你男人去,我为啥踢他。
> 秋菊:你是村长么,再咋说也不能往要命的地方踢。
> 村长:踢了就踢了,你说咋办。
> 秋菊:总得给个说法吧。

村长：我给你个说法，你甭嫌不好听，我叉开腿，在当院里站着，让你男人还我一脚，咋样？

秋菊：要是这，就啥也不说了。

村长：那就啥也甭说了。

秋菊：我就不信没有个说理的地方。

从这段对话可以看出，秋菊要的说法是由某个"理"得出的说法，这个"理"似乎是这样的：村长把庆来踢伤了，是村长不对，村长就要对庆来的伤负责；但村长不承认秋菊的"理"，认为自己踢庆来事出有因，是庆来骂人先失了理，踢庆来，是惩罚庆来的不对，两厢抵消，村长并不欠庆来什么；秋菊承认，王善堂作为村长，踢庆来本来也没啥，只是不能往要命的地方（下身）踢。这时村长提出了一个人类学家会称为"同态复仇"的解决方案：既然秋菊认为村长往庆来要命的地方踢不对，那就让庆来也向村长要命的地方踢上一脚，一脚还一脚，两家扯清。

秋菊不能接受村长的方案，到乡上李公安那里反映。李公安凭借多年农村工作经验，知道"一个巴掌拍不响"，问清楚了事情的原委：

秋菊：我家是种辣子的，你知道不？

李公安：知道。

秋菊：我家总想盖个辣子楼，砖瓦都备好了，村长他就是不批，没办法，我就在我承包的地里拾掇了一块地边边，想在那地方盖了就算了，村长还是不批，他说有啥文件,那我说,你有文件可以,你有文件,你就把那文件拿来给我看一下,他说不用给我看,他说他就是文件,不给我看。

李公安:这你别说,还真格有这文件。这承包地是让种庄稼的,都在里头动开土木了,那咱吃啥?

秋菊:那文件上也没写打人这一条。他是村长,打两下也没啥,他也不能随便往那要命的地方踢。

李公安:一个巴掌就拍不响,没个因由他就能随便打人?到底为啥?(问秋菊小姑)为啥?

妹子:我哥气不过,骂了他一句。

李公安:你哥骂人啥呢?

妹子:骂他下一辈子断子绝孙,还抱一窝母鸡。

李公安:这就是庆来的不是了。谁都知道,王善堂四个女子没儿么,这话是糟老汉心窝子,去年计划生育刚给老汉计划了,这事就不能提么。

秋菊:再怎么说,他打人就是不对,他是村长,不能随便往那要命的地方踢。我找他去寻个说法,他说他不管,说踢了就踢了,你踢了,你不管谁管,你是村长,你还打人,你就是不对么。

李公安:就这事,是吧?

秋菊:噢。

李公安:我跟你说,他打人肯定是不对的……

秋菊:就是不对么,往那要命的地方踢,踢坏了,他……

李公安:我刚不是给你说了么,肯定不对么……

秋菊还是坚持自己的"理",就是踢人不能往要命的地方踢。李公安作为国家公安人员,按公家的法律政策办事,并不认可"要命的地方"和"不要命的地方"的区分,打了人,不管是不是"要命的地方","肯定是不对的"。另外,骂人,尤其是骂只有女子没有儿,又做了绝育手术的王老汉"断子绝孙",也不对。李公安又到村上看了庆来的伤,找村长做工作,按照公家的"理",给了秋菊一个说法:

> 李公安:秋菊你看是这,他打人不对,我也把他批评了,可你庆来说的那话也不好听,双方要各自多做自我批评,调解结果是个这:医药费、误工费由王善堂负责,一共二百元,你看咋样?
> 秋菊:我就不是图那个钱。我就是要个说法。
> 李公安:那是个辈人,又是个村长,你瞎好得给一些面子。再说你庆来那伤也没啥。
> 秋菊:那还是没个说法。
> 李公安:他把钱都掏了,那就证明你对他错,这就算个说法了。

在李公安和他代表的公家的抽象意识形态看来,骂人都不对,骂什么话那是次要的,打人都不对,打什么地方也是次要的。既然骂人打人都不对,那么对骂人打人的都要批评,除了批评,双方还要做自我批评。这是一。第二,打人造成了身体伤害,要医治身体伤害,需要花费医药费,所以打人者要赔偿医药费;身体伤害还造成庆来卧床不起,干不成活，还要赔偿这个机会成本，就是误工费。根据这个"理"，李公安做出了王善堂赔偿万庆来二百元损失的调解方案。至于秋菊要的那个"理"，李公安给不了，只能含糊过去。

但秋菊显然不认可这个"骂人不对，打人也不对"的抽象的"理"。打人并不是都不对，村长打村民两下也没啥，关键不能往要命的地方踢。踢人要命的地方，并不是医药费和误工费能够弥补的。但在李公安"他掏钱就证明你对他错"的劝说下，秋菊还是接受了这个调解方案，拿着发票收据去找村长。

如果不是村长要自己的面子，事情好像到此就结束了。

二　面子

秋菊拿着发票收据去找村长，村长掏出二百元钱来，并没有直接给秋菊，手一扬，二十张票子散落在风里：

> 秋菊：村长，你这是啥意思？
> 村长：啥意思，别人的钱不是那么好拿的。
> 秋菊：我今天来就不是图个钱，我是要个理。
> 村长：理？你以为我软了？我是看李公安大老远跑一趟不容易，给他个面子，地下的钱一共二十张，你拾一张给我低一回头，拾一张给我低一回头，低二十回头，这事就完了。
> 秋菊：完不完，你说了也不算。

李公安设想的由村长掏钱来向秋菊证明"你对他错"的方案，不幸被村长也识破了。拿钱可以，服软是不行的。村长仍坚持他的理，就是他不欠庆来家什么；踢庆来，是对庆来骂人的恰当惩罚。给秋菊二百元钱，是给李公安面子，并不是对万家认错。秋菊必须用低二十回头为代价，拿这二百元钱。

正是秋菊在这个时候的选择，引起了观众对她的钦佩和赞扬。因为在日常生活中，在大部分情况下，我们都会选择折腰，拿地上的钱。秋菊替我们做到了我们自己做不到的事情，秋菊的形象，是从这一刻高大起来的。但秋菊不可能理会坐在黑压压电影院里观众的心理活动。银幕上的秋菊没有选择低二十个头去拿那二百元钱，仅仅是因为这样拿到的钱，并不能证明"你对他错"。

秋菊挺着大肚子来到了县城。在别人的指点下，花二十元钱，请邮电局门口给人代笔的张老汉，写了一份材料，要求追究村长"平白无故踢伤我丈夫"的"故意杀人罪"。听到这里，两个县公安笑了。观众也笑了。

县公安局的裁定下来了，内容是："建议由所在乡的公安员进行调解，双方各自多做自我批评，求大同存小异，以安定团结为重，经济上仍以第一次调解为主，维持原乡政府的调解方案，医药费、误工费由王善堂本人负责赔偿。"

然而，秋菊去县里打官司，却彻底把村长的面子摧毁了。在村长看来，秋菊此举纯粹是到县里坏他的名声，让他以后在村里没法工作：

村长：这跟上一回一样么，秋菊跑了趟县城就弄了个这，我以为县里要把我枪毙了呢。

李公安：这回你听我的，回去给秋菊两口子说些面子话，这事就了了。

村长：面子话，那面子话咋说呢？

李公安：你看你看，大家都忙忙的么，为这事我都跑了几回了。刚才县上裁决你又不是没看么，你不丢面子么。

村长：李公安，你说，有啥事乡里解决不了，凭啥到县里臭我的名声。

李公安：哎呀，她也不想把你怎么样。

村长：再说，我大小是个干部，以后我在村里没法工作么。

李公安：她也不想把你怎么样，她就是要个说法，你回去就给她个说法。

村长：钱我给，说法，说法，我想不通。

做不通村长的工作，李公安只好自己花钱买了三盒点心，谎称是村长买的，去秋菊家代村长赔不是。

李公安：王善堂那是个犟人，那在乡上都是有了名的，这回能让我把这个点心给你捎来，这就不容易了。秋菊，你不是说要个说法吗，这还不算赔礼道歉？该赔的赔，该报销的报销，经济上你们也不吃亏，再说，这个民事调解，咱又不是去法院打官司，县上裁定这算到

一 秋菊的官司

了头了,这也是领导决定下的。

秋菊:李公安,这点心真是村长买的呀?

李公安:这话说的,不是他还是谁么?为这,昨天我跟他说了半天,人家是干部,总得给人家留点面子,这个点心往这儿一搁,这就等于来人,把不是给你赔了。

庆来:要是这样,啥事都好商量。他是村长,咱又能把他咋的。再说,日后都得在一个村里过,没完没了的没啥意思。县里定下的事,我们没意见。

秋菊公公:我也没意见,政府定下的,我也没意见。

秋菊:要是这,那就算村长给咱赔了不是了,钱不钱么,无所谓了。

李公安:该赔的还是要赔哩。那咱这事,就算完了,我也没白辛苦一回。

要不是秋菊问了代销员,得知点心不是村长买的,事情好像也就到此结束了。二百元钱不能证明的"你对他错",三盒不值二百元的点心却可以证明。看来,秋菊和村长在这个回合争的,并不是钱,而是"面子"。李公安在这个回合的调解,围绕的也是面子的交换。他让村长看他的面子,给秋菊两口子说些"面子话",又让秋菊家看自己的面子,给村长留些面子。在这个回合,李公安实际上已经放弃了自己所代表的国家的"理",不得不按照村庄的"礼"来运作。国家"骂人打人都不对"的"理"没有再提起,但"国家"赋予"干部"的身份,还可以转化为村庄认可的"面子"资源,投入到"面子"的交换中。

然而，在秋菊得知点心并不是村长买的之后，这场面子的交换礼也就失效了。你敬我一尺，我敬你一丈；你不敬我一尺，我也不敬你一丈。秋菊把点心退给了李公安，继续到市里要说法。市公安局复议的结果，是维持乡里和县里的决定，只是赔偿数额加了五十元钱。看来，市里的决定，基础仍然是李公安一开始就阐明的国家的"理"，而不是秋菊的"理"，那二百五十元钱，仍然不过是对庆来看得见的身体伤害的赔偿。庆来接受了，但秋菊仍然没有接受！她把庆来拿的那二百五十个元，扔回到村长面前。村长需要低二十五回头，才能把那些钱拾起来。秋菊叫上妹子，装上辣子，卖了钱做盘缠，继续到市里要她的说法。

三 官司

看电影的人，会忽略这部电影的标题是《秋菊打官司》。这是一场官司。秋菊一开始到村长家，不仅是向王善堂个人要说法，也是向村长这个"公家人"要说法。她向乡里、县里、市里要说法，也是在向"公家"要说法。她"不信没有个说理的地方"，因为她相信说理的地方在公家，在上级。头一回从村长家回来，她告诉家里人村长说不管，家里人都支持她去乡上要说法，显然大家都相信，公家并不只是一层层的官僚结构，还是公道、正义、理的承载者。

秋菊到乡政府找到李公安的时候，李公安正在断另一个打架的官司。一方当事人，在向公安员叙说打架的前因后果，而公安员关心的，却是谁先动手的问题。显然，公安员们假定，谁先动手，谁就有错，谁就应该负责。但当事人却坚持要把事情的起因说清楚，要表明并不一定是谁先动手谁就错，没有动手的一方也许有错在先。这预示了，公家只处理它的"理"能够涵盖的那些环节，并不就事情的整个是非曲直做出判断。所以，李公安并不关心为什么村长不给秋菊家批盖辣子楼的地方，而只是说，的确有不许在承包地里动土木的文件。村长为什么不给秋菊家批？这个问题，以后再也没有提起过。甚至秋菊到县上告状的时候，她找张老汉代笔写的材料，也不再提辣子楼的事，只说村长违反计划生育这个公家听得懂的"理"："村长养了四个丫头，不仅说明他没本事，更说明他严重违反了计划生育政策，他养不出儿子，就拿普通群众撒气，我丈夫顺嘴说了养母鸡的话，村长就对号入座，认为母鸡是指他女儿，是可忍孰不可忍，他平白无故踢伤我丈夫，犯了故意杀人罪，国法难容。"

县公安听了，却笑了。秋菊的努力归于白费。村长违反计划生育政策，不属于公安局管理的范围，公安局只能管归它管的那一部分。县公安继续问秋菊："乡上公安员已经处理过了，你咋还找我们呢？"秋菊说："我怕李公安偏向村长，我要求县上处理。"县公安接着告诉她，五日之内县公安局会做出裁决，如再不服，还可以向市公安局提出复议。

念过中学的秋菊也无法理解这一套程序正义的安排。这套安排再精巧，也打消不了她的一个基本疑惑：为啥她找了这么多地方，这些地方都不理会她要的"理"，而只是抛出一个个和李公安给的没啥区别的说法。

在村长眼里，自己遇到的也是一个"官司"。他也关心乡里的、县里的、市里的说法，关心"上面"对他的评价。不过在他看来，他给公家干事，公家就是他的靠山，县里的裁定维持乡里的调解，市里的复议维持县里的裁定，都是在为他这个公家人撑腰。他相信他和"上面"之间存在这种交换关系。在市公安局的复议书下来之后，他得意地对秋菊丈夫说："市公安局的复议书下来了，……人家认为，县里的裁决，乡里的调解，基本没错，让我再加五十个元，这是经过认真研究决定的，我按复议书给你们准备了二百五十个元……我听说秋菊在市里把局长的小汽车坐了，闹了半天，就是让我多给五十个元么。跟你说，我不怕你们告，我是公家人，一年到头辛辛苦苦，上面都知道，它不给我撑腰，给谁撑腰？"

村长对于公家的想象，比秋菊现实得多，他眼里的公家，是所有公家人的庇护者。但实际上他对公家的想象也是一厢情愿的，这一点和秋菊没什么不同。正在建设法制的公家其实也不是他的庇护者。公家一意孤行照的是自己的逻辑，而不是秋菊或者村长的希望。公家的逻辑不光秋菊不理解，村长也不可能理解。

最先是秋菊发现了这一点。公家花样很多，但结果一样，公家那里，是不是有什么未曾言明的默契？秋菊不服市公安局的复议决定，第二次找到市公安局严局长的时候，表达了她的这个怀疑：

> 严局长：我忘了问你，你对复议决定同意不同意？
> 秋菊：我就是不服，你看这事情，我告到乡上、县

上，又到你这里，结果都一样，都没有让村长给我认个错。我就不是图多给我五十块钱，我就是不明白，村长咋就不能给我认个错？我是老百姓，你们都是公家人，谁知道你们是不是在底下都商量好了？

严局长：秋菊，你完全可以这样怀疑，我们的工作也不是没有差错，你要是不服，倒有个办法，可以向法院直接起诉。

严局长告诉秋菊可以向法院提起行政诉讼，并向她介绍区律师事务所的小吴（"这人很好，可以帮你解决问题"），显然也是为了打消秋菊的怀疑。他准备和秋菊平等地站在法庭上，共同接受法庭的判决，以证明秋菊的怀疑没有根据。但站在被告席上的局长，也是公家人。当法院判决维持市公安局的复议决定的时候，秋菊的怀疑仍然有效："我是老百姓，你们都是公家人，谁知道你们是不是在底下都商量好了？"

四　肋骨

秋菊的怀疑没错。所有的公家人其实不用商量都商量好了。乡上李公安一开始就是按照这一套不用商量的东西做的。打人是不对的，打哪儿都不对；如何处理，要看有没有伤，是轻伤还是轻微伤。是轻微伤就按照民事调解来，是轻伤就要治安拘留。李公安来村里专门看了庆来的伤，认为没有啥；秋菊上诉后，二审法院来庆来家调查，主要也是看庆来的伤,并让庆来去市里拍个 X 光片子。

庆来拗不过,去拍了片子。因为秋菊要生了,顾不上看结果,就回来了。在这期间,秋菊难产,是村长在深夜组织人把秋菊抬到了医院,母子保全,成了秋菊一家的恩人。

庆来的片子结果出来了。在儿子过满月那天,公安局来人,把准备去喝喜酒的王善堂抓走了,行政拘留十五天。

  李公安:庆来,你那片子拍出来了,是肋骨骨折,虽然已经好了,但案情性质发生变化了,是轻度伤害罪,中级人民法院已经依法把王善堂行政拘留十五天。
  秋菊:拘留了?!
  李公安:就是让公安局抓走了。
  秋菊:抓走?我就要个说法么,我就没让他抓人么,他咋把人抓走了呢?

秋菊跑到了村口大路上,望着远去的警车,脸上充满了迷惑。

秋菊不知道,法律有一套关于"人"和"身体"的意识形态,这就是"劳动力身体"的意识形态。现代经济学已经把"人"建构成"劳动着的主体"[2],在当代中国的语境中,农民尤其是这样的主体,或者只能是这样的主体。秋菊丈夫的身体,只不过是普遍劳动力的具体承载者。所以打击这个

---

[2] 参见米歇尔·福柯,《词与物:人文科学考古学》,莫伟民译,上海三联书店,2002,页 329—341。

具体身体无非是破坏普遍劳动力,法律重视肋骨的伤,因为是肋骨的伤让庆来气短,干不了重活。医药费、误工费是对劳动力身体的补偿。这是用金钱这个普遍等价物,补偿那个受损的普遍劳动力。下身?在秋菊看来那才是要命的地方,但相对于数量庞大、取用不竭的农村劳动力总量来说,踢坏万庆来的下身并不造成劳动力的多大损失,法律完全可以对此视而不见。

庆来是家里的劳动力,这没有错。但人仅仅是劳动力么?人仅仅是劳动着的主体么?人活着要劳动,但劳动仅仅是为了活着么?你要问秋菊和庆来劳动为了啥?他们会说:劳动还不是为了咱娃!

五 睾丸

是的,秋菊从一开始要的说法,就是有关睾丸的,而不是关于肋骨的。电影一开始,秋菊和小姑子拉着被踢伤的丈夫找大夫,找的就是"看下身的名医"。

村长为啥踢万庆来的下身?还不是庆来骂村长"断子绝孙,抱了一窝母鸡"。而村长也的确生了四个女儿,去年又做了计划生育手术,这不是一般的辱骂,而是戳到了命中已无儿的王善堂的心窝子,老汉最大的伤心事。在四个女儿都出嫁之后,在老两口百年之后,王家的血脉将从西沟子村彻底消失——甚至在这个世上彻底消失。你骂我断子绝孙,我也让你断子绝孙,善堂飞起一脚,踢向庆来下身的时候,他们都知道那一脚要踢什么。

秋菊第一次到村长家里要说法，带去大夫开的证明，让村长看的就是关于下身的部分，而不是关于肋骨的部分。村长提出的同态复仇的解决方案，也是关于下身的："我叉开腿，在当院里站着，让你男人还我一脚。"——既然秋菊也认为那是要命的地方，秋菊当然不可能接受这个解决方案；再说，踢村长的下身，已经失去意义了。

其实，万家人和王家人都明白秋菊要的是啥说法。如果万庆来真的被村长把要命的地方踢坏了，如果秋菊生的不是儿子，万庆来又是独子，那万家也将面临绝嗣的命运！这就是为什么当秋菊深夜难产的时候，庆来和接生婆去找村长帮忙，村长仍然不计前嫌，去王庄叫人，把秋菊送往医院的原因。那些正在看戏的村民，二话不说，跟着村长就走。显然，他们都知道要命的地方在哪儿，要命的事是什么事。要是秋菊没有生出儿子，要是万庆来真的被王善堂踢坏了下身，即便村长深夜抬秋菊上医院搭救了她，恐怕都无法解开两家从此结下的世仇！

在这部电影里，可能只有李公安一个公家人明白，这是万、王两家一件关于睾丸，关于血脉的争执，但他这个公家人，却无法将这个村庄的真理纳入公家的逻辑。当秋菊拿着医院的诊断证明第一次去找他，李公安念诊断证明"右侧肋骨软组织挫伤，左侧睾丸轻度水肿"的时候，又把"轻度"两个字下意识地重复了一遍。是的，公家并不认为睾丸比肋骨重要，也不会认为睾丸是要命的地方。公家的字典里只有"重伤、轻伤、轻微伤"。要命的地方？当然重伤也能是要命的，轻度水肿的睾丸怎么会是要命的呢？公家理解的"命"

是"个体现在的生命",西北乡西沟子村村民理解的"命"是子孙后代,是命脉,是香火,在这方面,他们并没有重叠共识,所以,当秋菊锲而不舍一遍遍向公家要说法的时候,公家怎么可能给她?秋菊打官司遇到了不少好人——有些敏锐的观众看到这一点,尤其看到电影里严局长不收礼,还拉着秋菊在小摊子上吃饭,总怀疑这部电影在歌颂什么,在讨好谁。但我们必须指出,秋菊之所以受到这些优待,比如严局长用小车把她送回来,在小摊子上吃饭,秋菊说"身子沉,坐不下"的时候,严局长会说"那就站着吃",——这些,其实都是看在她怀着娃快生的份上。在秋菊眼里,这是些奇怪的公家人,他们似乎也看重她看重东西,知道她肚中的娃儿要紧,但他们怎么就不理解,她肚中的娃儿,就是万家的血脉,就是她正在要的说法嘛。

其实喜欢秋菊的观众也不理解她。观众喜欢她的倔强,认为那是她的性格,却不理解她的倔强从何而来。当县里的公安念秋菊找人写的材料——"他平白无故踢伤我丈夫,犯了故意杀人罪,国法难容"——县公安笑了,观众也笑了,笑秋菊和代笔的张老汉夸大其词。但我们何以能断定,那不是秋菊的真实指控呢?王善堂踢万庆来"要命的地方",要的就是万家一门的命脉啊。

观众中的一部分学法律或爱法律的人,则把秋菊想象成一个维权先锋。如果他们明白了秋菊要的那个说法的实质意义不过是生儿子,他们中的大部分大概会撤回对秋菊的赞美。西沟子村村民想儿子,也疼爱女儿,但儿子和女儿在传宗接代续香火的意义上显然是不一样的。女儿也是传后人，但女儿传的是她夫家的后，就像秋菊生娃传的是万家的后——电影中的秋菊，是没有姓的，也不需要有。在观众看来，秋菊作为一个上过中学的女性，一遍遍上访告状要说法不过是为了维护西沟子村落后的重男轻女的观念，这又有什么值得赞美的呢？！

然而，无论如何，最后给秋菊说法的，却是她肚中的娃儿。秋菊生了之后，帮忙抬秋菊去医院的一个村民羡慕地对庆来说："庆来，你运气还好，福大，头一胎就生了个男孩。"庆来掩饰道："就是个子小了一点，才五斤七两。"那村民仍然强调："关键还是个儿子嘛。"最后，让王善堂服气的也不是秋菊的倔强，而是她生了儿子这一事实。当秋菊抱着儿子去请村长喝满月酒的时候，王善堂接过秋菊的孩子，骂自己的老婆道："你看人家，想生儿子，就生儿子，你看你，一撇腿一个女子，一撇腿一个女子，一撇腿还两个女子（村长有一对双胞胎女儿——作者注），你真把我气死了！"

> 秋菊对村长说："村长，咱娃能过上满月，多亏你了。"
> 村长说："我没啥，还是你的本事大。"

在村长看来，秋菊一遍遍到乡上、县里、市里告他，那不算啥本事，生出儿子才是本事！明白了这一点，我们也就明白，是什么动力促使秋菊不辞辛苦地一遍遍往乡上、县里、市里跑！

秋菊准备第一次去县里告状的前夜，庆来担心秋菊肚里的孩子，秋菊道："该掉的咳嗽一声就掉了，不该掉的，擀面杖压也压不下来。"显然，秋菊有一种相信原始生命力的观念，而张艺谋的这部电影，歌颂的正是这种原始的生命力。从《红高粱》开始，这就是张艺谋电影的一个基本主题。在那部电影中，他问，中国人还有没有种？结果，在一帮做烧酒的土匪、寡妇———一些中国的边缘人那里，找到了这种原始的生命力，这种生命力最终在一场与日本鬼子的殊死搏斗中迸发出来，证明中国人还是有种的；在《活着》中，他讲述了一个最没种的普通中国人富贵，在经历了战争、革命、运动，赌钱气死了父亲，在大炼钢铁中失去了儿子，在"文革"中失去了女儿，仍然顽强地活着，并且鼓励别人活着的故事。这种生命力到了秋菊这儿，就体现在她一遍遍上访告状的行动中。如果说秋菊是一个维权先锋，那么她要维护的，并不是什么她或她丈夫的个人权利，而是一种普遍的生育的权利，一种对于生殖的古老信仰：破坏生殖是最大的犯罪。在张艺谋的电影里，正是这种原始的生命力，这种老百姓生儿育女的基本的本能，让我们这个民族度过战争、革命、运动的劫难，也度过平凡日常生活中的消耗和杀机。这是这个民族之所以生生不息，无法从总体上被消灭的真正原因。

正如《秋菊打官司》片头曲所唱："人面不知何处去，桃花依旧笑春风！"那个戏谑、自信的调子告诉鼠目寸光的观众：什么是暂时的，什么是永恒的。

整个公家的、现代的法律体系可以不承认这种本能，却不能无视这种本能的力量。显然，让西沟子村村民生生不息的不光是他们种植的玉米或者辣椒，还有这个生儿育女的基本本能。基于这种本能，他们生存、竞争，在孩子满月的时候，捐弃前嫌，举村庆祝新生命的诞生。不合时宜的警笛是这场庆典的不和谐音。它按照自己的逻辑飞奔而来，又疾驰而去，它实现了自己的正义，然而却是以和秋菊的要求南辕北辙的方式。县公安局的裁定书曾要求万、王两家"以安定团结为重"，但公家不知道，真正让他们安定团结的，不是公家苦心经营的调解、裁定、复议、诉讼这一套程序，而是那个襁褓中新生的婴儿。他的诞生消弭了所有潜在的仇恨。秋菊生不出儿子来，西沟子村的安定团结就是无望的。可以想象的是，在警车把村长带走之后，秋菊要做的，就是抱着自己的孩子，去公安局要人——把孩子的恩人放回来。

如果我们的法律真的关心西沟子村的安定团结，那就老老实实放下架子，听一听秋菊要的，究竟是什么。你可以不答应她，但你一定要听懂她。

二 祥林嫂的问题

一 祥林嫂是怎么死的?

在鲁迅的小说《祝福》[1]中,祥林嫂问了"我"三个问题,

> 第一个问题:"一个人死了之后,究竟有没有魂灵的?"
> 第二个问题:"那么,也就有地狱了?"
> 第三个问题:"那么,死掉的一家的人,都能见面的?"

问了这些问题的当天晚上,或者是第二天,祥林嫂就死了。"我"对此很有些惴惴,怎么死的?冲茶的短工说,是"穷死的"。

小说里并没有交代祥林嫂的具体死法。

按照周作人的说法,祥林嫂的原型,是他们兄弟一个本家远房的伯母;一是形象类似——"一手提着竹篮","一

---

[1] 鲁迅,《彷徨》,人民文学出版社,1979,页1—19。

手拄着一支比她更长的竹竿,下端开了裂"[2]——二是,这位伯母也有失去儿子的悲哀。只不过她的儿子并不是被狼衔了去。

周树人、周作人的周氏宗族分为"致""中""和"三房,树人、作人兄弟属"致房",那伯母是"中房"的,她的儿子和树人、作人同辈,也在三味书屋念过书。这儿子人很聪明,却一直在"和房"代管事务,常住那里,不大回家,他的母亲着急,觉得这个儿子是丢掉了,常在本家中絮叨失去儿子的悲哀,和祥林嫂絮叨儿子被狼吃了一样。周作人认为:"祥林嫂的悲剧是女人的再嫁问题,但其精神失常的原因乃在于阿毛的被狼所吃,也即是失去儿子的悲哀。在这一点上她们两人可以说是有些相同的。"[3]

周作人还提到,这位伯母由于觉得儿子丢了,精神有点失常,有一年的冬天,悲观起来,竟投了河。但没有死,只是冷得厉害,就又爬起来回家去了。这件事她给鲁迅的母亲说过。所以,《祝福》里虽然没有明写祥林嫂是怎么死的,但要说祥林嫂是问完那三个问题后,投河而死,也是有可能的。

小说里一再提到,鲁镇有一条河,这河在冬天也是不上冻的。而且"我"也是在河边遇见祥林嫂的。[4]

当然,更重要的,是"我"搪塞了祥林嫂的三个问题

---

[2] 周作人,《鲁迅小说里的人物》,河北教育出版社,2002,页193。
[3] 同上,页194。
[4] 祥林嫂是自杀而死的更多文本上的依据,参见谢会昌,《祥林嫂是怎么死的?——鲁迅小说细读之一》,《金筑大学学报(综合版)》1995(03),页11—16。

之后,"我"自己就已经有了祥林嫂寻短见的预感,[5]这让"我"不安了整整一天,直到第二天傍晚,最终从短工那里得到祥林嫂的死讯。小说至此方真正讲述祥林嫂的故事。

二 祥林嫂的"一家人"是谁?

如果祥林嫂真的是自杀死的,那么,她生前问的那三个问题,就需要认真对待了。因为,那里面可能蕴含着祥林嫂真正的死因。祥林嫂的三个问题中,最后一个问题是最关键的,因为,问"魂灵"之有无、"地狱"之有无,可能都是为了确认,"死掉的一家人"到底能不能够再见面、团圆。

祥林嫂说的"死掉的一家人"指的是哪一家?祥林嫂要和谁团圆?

小说中,祥林嫂有过两个丈夫,两个家庭。

第一个,是卫家山卫家。有婆婆、丈夫、小叔子。这个家庭结构不奇怪。奇怪的是小说中对他们一家年龄的交代。祥林嫂二十六七岁,她丈夫比她小十岁,死的时候十六七岁,小叔子十多岁,婆婆三十多岁。

祥林嫂很有可能是卫家的童养媳。否则,和丈夫年龄相差十岁就说不通。

也许有人会说,卫家可以给十多岁的二儿子娶媳妇,当然也可能在大儿子十多岁的时候,娶二十多岁的祥林嫂

---

[5] "我这答话怕与她有些危险。她大约因为在别人的祝福时候,感到自身的寂寞了,然而会不会含有别的什么意思的呢?——或者是有了什么豫感了?倘有别的意义,又因此发生别的事,则我的答话委实该负若干的责任⋯⋯"

为妻。

这当然不是没有可能。只是,祥林嫂二十多岁才嫁掉,未免太晚。[6]

更合理的推测是祥林嫂并不是正常嫁到卫家的。甚至有可能是先被送,或卖给卫家做女儿,在卫家的第一个儿子出生后,再变成卫家的童养媳。

20世纪30年代中期,在费孝通调查的江苏吴江县庙港乡开弦弓村,就存在大量的童养媳——当地叫作"小媳妇":

> 在最近的10年里,"小媳妇"的数字增加了。在已婚的439名妇女中,有74人,即17%,在婚前是"小媳妇"。但在未婚的妇女中,"小媳妇"有95人,而非"小媳妇"有149人,"小媳妇"占39%。平均起来,每2.7户人家就有一个"小媳妇"。[7]

"童养媳"是一种穷人的婚姻制度。"多数父母通常是由于经济原因而这么做的:女方家庭可以避免抚养女儿的费用;男方则可以避免高额聘礼和婚礼费用。"[8]

---

[6] 在《彷徨》最后一篇《离婚》这篇小说中,施家明媒正娶的爱姑是15岁就嫁人的。鲁迅,《彷徨》,页171。另外,历史人口学的研究表明,直到20世纪70年代前,中国妇女的初婚年龄一直低于20岁。对于1900年至1925年出生的妇女而言,"15岁以后的初婚率稳步上升,并在20岁左右达到最高值。此后,初婚率迅速下降"。李中清、王丰,《人类的四分之一:马尔萨斯的神话与中国的现实(1700—2000)》,陈卫、姚远译,生活·读书·新知三联书店,2000,页103。
[7] 费孝通,《江村经济》,商务印书馆,2001,页63。
[8] 李中清、王丰,《人类的四分之一:马尔萨斯的神话与中国的现实(1700—2000)》,页110。

二 祥林嫂的问题

费孝通这么描述这种制度:"在女孩很小的时候,男孩的父母领养了她。她未来的婆婆甚至还要给她喂奶,并一直要抚养她到结婚。如果这女孩是在她丈夫家中养大的,那么婚姻的一切复杂程序如做媒、行聘、接亲船、轿子等等都不再需要了。有些'小媳妇'甚至不知道她自己的父母。而那些与自己父母还保持联系的女孩,由于早期即与父母分离,父母对她们也就没有特别的兴趣。"[9]

费孝通还观察到,"有许多从幼年起就被未来的婆婆带领大的女孩子,十分依附于她的婆婆,就像一个女儿对母亲一样。特别是,如果这家真的没有女儿,情况就更是如此。甚至那些受到未来的婆婆虐待者,逐渐习惯于自己的地位,在婚后也不致于经受不起"。[10]

祥林嫂与婆婆的年龄差距不到十岁,不可能是婆婆抚养大的。而且,她的婆婆对她,很严厉。

如果祥林嫂真的是童养媳,那么,她最早可能在十六七年前,在十岁之前,和她婆婆前后脚,就已经到了卫家。

小说中交代,她第一次到鲁四老爷家做女工,很能干,"试工期间,她整天的做,似乎闲着就无聊,又有力,简直抵得过一个男子"。"人们都说鲁四老爷家里雇着了女工,实在比勤快的男人还勤快。到年底,扫尘、洗地、杀鸡、宰鹅,彻夜的煮福礼,全是一人担当,竟没有雇短工。"她在第二个丈夫贺老六死了之后,"打柴摘茶养蚕都来的"。就是

---

[9] 费孝通,《江村经济》,页62。
[10] 同上,页62—63。

说，不管是屋里的活，还是外边的活，祥林嫂都能干，都是一把好手。

祥林嫂怎么这么能干？很可能是在卫家的十几年间，先给人家做女儿，后给人家做童养媳，或者一直做童养媳，做出来的。[11]

总之，祥林嫂不像那种正常嫁到卫家的媳妇，有娘家。小说中说："大家都叫她祥林嫂，没问她姓什么，但中人是卫家山人，既说是邻居，那大概也就姓卫了。"

卫是她夫家的姓。不是她娘家的姓。她娘家姓什么，也许人们早已经不记得了，甚至包括她自己。

在第一个丈夫卫祥林死了之后，祥林嫂逃出来，卫老婆子介绍她到鲁四老爷家做女工。她没有娘家，也回不了娘家。

祥林嫂为什么要逃出来？

祥林嫂是春上没了丈夫的，一直到冬初，农闲的时候，到鲁四老爷家做工的。算起来，是阴历十月初。

很可能是那时候，卫家就打算把她卖到山里去，好给二儿子娶媳妇。她知道了，就逃出来。

卫家的人，那时节并没有来找，直到过完新年，夫家的堂伯，才来鲁镇寻她。然后又过了十几天，把她捉回去。一年后，卫老婆子报告四婶，前一年卫家抓祥林嫂回去的时候，早已把她许给了贺家墺的贺老六。所以抓回去不几天，

---

[11] 祥林嫂是童养媳的更多文本上的推测依据，还可参见符杰祥、唐伟，《经典阐释的"大意义"与"小问题"：以祥林嫂疑案的日常生活解读为中心》，《海南师范学院学报（社会科学版）》2006（06），页10—14。

二 祥林嫂的问题

就一顶花轿抬到了贺家墺。

四婶很惊奇。毕竟祥林嫂在丈夫死后一年时间就又被婆家嫁掉了。[12] 卫老婆子对四婶解释这小户人家的难处:

"她有小叔子,也得娶老婆。不嫁了她,那有这一注钱来做聘礼?她的婆婆倒是精明强干的女人呵,很有打算,所以就将她嫁到里山去。倘许给本村人,财礼就不多;惟独肯嫁进深山野墺里去的女人少,所以她就到手了八十千。现在第二个儿子的媳妇也娶进了,财礼只花了五十,除去办喜事的费用,还剩十多千。……"

祥林嫂在鲁四老爷家议定的工钱是每月五百文。八十千的财礼,等于她一百六十个月,也就是十三年零四个月的工钱。

祥林嫂的婆婆的确很精明。祥林嫂是十月初出来做工的,十月、十一月、十二月,然后是新年,新年过后十几天,应该是元宵节过了。卫老婆子带着祥林嫂的婆婆来了,叫儿媳回去,说是开春事务忙,家里只有老的和小的,要叫祥林嫂这个"抵得过一个男子"的媳妇回去。

"既是她的婆婆要她回去,那有什么话可说呢。"四叔说。

祥林嫂三个半月的工钱,一共是一千七百五十文,一文未用,交给了她婆婆。小说交代"那女人又取了衣服"。

领了工钱,取了衣服,才和卫老婆子,应该还有祥林嫂

---

[12] 祥林嫂春上没了丈夫,十月初到鲁四老爷家,还戴着孝:"头上扎着白头绳。"祥林嫂对丈夫服孝未满就被婆家嫁掉,很可能跟她是童养媳的身份有关系。

的小叔子,卫家的堂伯,四个人,一起把祥林嫂劫走了。

然后一根绳捆了,把她嫁到深山野墺里的贺家墺去。

祥林嫂死前说的,地狱里、能见面的一家人,不是卫家,不是卫祥林。

三 那些收屋的大伯们

不是卫家,不是娘家,是贺家。

祥林嫂嫁到贺家这三年,以头撞香案始,以夫死子死终,但中间是幸福的。

她嫁过去那一年的年底,就生了一个儿子。丈夫贺老六"有的是力气,会做活;房子是自家的"。小说特别交代,"上头没有婆婆"。

但好景不长,两年不到,先是丈夫伤寒病复发,死了。

再过了一年,儿子阿毛两岁多了,春上,却被狼衔去吃了。

丈夫死了,有儿子,还是可以守着的。祥林嫂又能做,打柴摘茶养蚕,样样能干。在卫家,没有儿子,丈夫死了,想守也没法守。要么逃走,要么被嫁到深山里去。

祥林嫂最幸福的时节,是贺老六的妻子,阿毛的妈。

她曾经是人家的女儿,后来不是了;

她曾经是卫祥林的妻子,后来也不是了;

现在,她不再是贺老六的妻子,不再是阿毛的妈;

"现在她只剩一个光身了。"

"大伯来收屋,又赶她。"

按照寒石山的做法，对于丧夫又丧子的祥林嫂，贺老六的兄弟们应该做的，不是来收屋，而是为死去的贺老六立嗣。

这是自明初1369年以来就确定的法律。《大明会典》："妇人夫亡无子守志者，合承夫分，须凭族长择昭穆相当之人继嗣。""无子者，许令同宗昭穆相当之侄承继。先尽同父周亲，次及大功、小功、缌麻，如俱无，方许择立远房及同姓为嗣。"[13]

这条法律的初衷当然不是抚恤寡妇。但是，假如卫家和贺家遵守这个法律，愿意守寡的祥林嫂还是能够保留一个母亲的身份（在贺家），甚至获得一个母亲的身份（在卫家）。

这条法律也不能阻止那些以立嗣为名，其实意在争产的兄弟、堂兄弟、从堂兄弟，就像魏连殳的堂兄和从堂兄弟，侄子和远房侄子。但至少它给争产者设置了一个先决条件：过继。从而使死者得到祭祀，使未亡人得到赡养。

在这条法律下，财产的安排要服从于人伦的秩序。

卫家和贺家都没有遵从这样的法律。讲理学的鲁四老爷始终没有对此发表任何评论。

四　现在她只剩一个光身了

贺家大伯来收屋，不仅仅使祥林嫂丧失了立锥之地，更

---

[13] 参见白凯，《中国的妇女与财产：960—1949年》，上海书店出版社，2003，页58—59。关于明太祖以后法律和礼制对女性"母亲"身份的塑造，参见柏宇洲，《明代继承法中的人情与母道：与白凯教授商榷》，《法律和社会科学》2013（11 [01]），页291—310。

重要的，是把她驱赶出贺家的伦理秩序。祥林嫂本来应该是贺老六的妻子，贺阿毛的妈，但当她第二次到鲁镇的时候，"大家仍然叫她祥林嫂"。

但她实际上早已不再是"祥林嫂"。她不再是任何人的女儿、妻子、媳妇、母亲，这是儒家伦理下女人的四个主要位格。现在，她一个都没有了。

鲁四老爷也是在这时候下达了不得让祥林嫂参与祭祀的命令。他"暗暗地告诫四婶说，这种人虽然似乎很可怜，但是败坏风俗的，用她帮忙还可以，祭祀时候可用不着她沾手，一切饭菜，只好自己做，否则，不干不净，祖宗是不吃的"。

传统的说法是鲁四老爷嫌弃祥林嫂是再嫁之身，未守贞洁。但是，小说中交代得很清楚，祥林嫂是被婆家强迫改嫁的。照鲁四老爷的逻辑，"既是她的婆婆要嫁掉她，那有什么话可说呢"。

更重要的，是祥林嫂再嫁后又丧夫、丧子。或者说，克夫、克子，又被第二个夫家赶出门。"这就可见是一个谬种！"

于是，祭祀时分配酒杯和筷子，拿烛台的工作也不能做了，更不要说杀鸡、宰鹅、煮福礼。她唯一能做的是在灶下烧火。

《祝福》里出现的所有的女人都是有伦理身份的。不要说四婶、祥林嫂的婆婆，就连卫老婆子，也是有娘家的；善女人"柳妈"，也是某人的妈。祥林嫂第二次到鲁四老爷家的第二年，失掉帮忙祭祀的资格，照例在灶下烧火的时候，

二 祥林嫂的问题

善女人柳妈的一番话,给了她重回伦理秩序的希望。

"祥林嫂,你实在不合算。再一强,或者索性撞一个死,就好了。现在呢,你和你的第二个男人过活不到两年,倒落了一件大罪名。你想,你将来到阴司去,那两个死鬼的男人还要争,你给了谁好呢?阎罗大王只好把你锯开来,分给他们。""你不如及早抵当。你到土地庙里去捐一条门槛,当作你的替身,给千人踏,万人跨,赎了这一世的罪名,免得死了去受苦。"

祥林嫂捐的那条门槛,作为她的替身,应该刻上字,就叫做"祥林嫂"。

那是她一世的罪名。

祥林嫂用了两年的工钱,一共是十二千,换算成十二元鹰洋,去庙祝那里捐了门槛。

捐了门槛,她"神气很舒畅,眼光也分外有神,高兴似的对四婶说,自己已经在土地庙捐了门槛了"。

但是,这个世界,不但儒家的宗法伦理失效了,连佛家的替身学说也失效了。

"冬至的祭祖时节,她做得更出力,看四婶装好祭品,和阿牛将桌子抬到堂屋中央,她便坦然的去拿酒杯和筷子。

"'你放着罢,祥林嫂!'四婶慌忙大声说。

"她像是受了炮烙似的缩手,脸色同时变作灰黑,也不再去取烛台,只是失神的站着。直到四叔上香的时候,教她走开,她才走开。"

捐了门槛,并不能就确认她还是贺老六的妻子,阿毛的妈。

她最后的问题，是向"识字的""见识得多"的"出门人"，一个"新党"提出的：

"一个人死了之后，究竟有没有魂灵的？"

"那么，也就有地狱了？"

"那么，死掉的一家的人，都能见面的？"

五　旧学与新党

新党的新学里，并没有这些问题的现成答案。无怪乎碰到这些问题，"我"的感觉就像"学校里遇到不及豫防的临时考"。

检点四叔的旧学，也无非是"鬼神者二气之良能也"。

然而，祥林嫂的问题的重点并不在于灵魂和地狱。她的地狱里没有阎罗和小鬼，地狱是死去的一家人团圆和见面的场所。

一家人，有阿毛，和阿毛的爹，还有她自己。

"祥林嫂"实际上在问，在这个一切都失效的世界上，人是否还有重建伦理的可能。

我们先看以鲁四老爷为代表的"旧学"，对这个问题的回答。

小说中，鲁四老爷对祥林嫂的态度，文本上有七次记载：

一　祥林嫂初到鲁镇，死了当家人，戴着孝，"四叔皱了皱眉"，"讨厌她是一个寡妇"。

二　三个月后,祥林嫂发现夫家的堂伯来寻她。四叔第二次皱眉,并且未卜先知,"这不好。恐怕她是逃出来的"。

三　祥林嫂的婆婆要她回去,四叔的态度是:"既是她的婆婆要她回去,那有什么话可说呢。"

四　知道祥林嫂被她婆婆劫走,闹得沸反盈天,四叔说:"可恶!然而……",见到卫老婆子,只说"可恶!",据此可以补足四叔"然而"后没有说出来的意思:"既是她的婆婆要捉她回去,那有什么话可说呢。"

五　四年后,祥林嫂第二次到鲁四老爷家,四叔"照例皱过眉","但鉴于向来雇用女工之难,也就并不大反对",只是暗暗告诫四婶,祭祀的时候不能让祥林嫂沾手。

六　祥林嫂捐门槛的事至少四婶是知道的,但捐过之后,仍然没有得到去摆酒杯、筷子、烛台的资格。四婶阻止了她。她仍然是不干不净的。然后四叔上香的时候,直接"教她走开"。这一次对祥林嫂的打击是致命的,祥林嫂的精神从此垮了,从几年前抵得过一个男子,变成一个木偶人,甚至经常忘了去淘米。不半年,四叔四婶就把丧失劳动力的祥林嫂打发走了,祥林嫂沦为乞丐。

七　祥林嫂行乞五年后,在旧历年底鲁镇祝福的时节死了。四叔对此事的评价是:"不早不迟,偏偏要在这时候,——这就可见是一个谬种!"

高远东曾经指出,在置祥林嫂于死地的"鲁镇文化"中,鲁四老爷是儒教的代表,这从他的身份、教养、爱好都能看出来。鲁四老爷是"一个讲理学的老监生",正如周作人指出的，"讲理学的大都坚信道教"，[14]在鲁四老爷极具象征意味的书房陈设中，首先映入眼帘的是一个陈抟老祖写的大"寿"字，"又隐隐透露出他企望长生的道教式生活情趣"。[15]

这种以道教为底色的儒家文化，处处呈现一种无所作为、行将就木的样态。鲁四老爷书房中的那副出自朱熹《论语集注》的对联："品节详明德性坚定"，"事理通达心气和平"，上联已经脱落。而这两句话，本来是朱熹对《论语·季氏》中"不学诗无以言，不学礼无以立"的注释。鲁四老爷似乎既不学《诗》，也不学《礼》，既不能言，也不能立。他见到远道回乡的本家侄子，寒暄之后说"我"胖了，说我"胖了"之后即大骂其"新党"——康有为，叔侄间的交流到此为止，吃饭时只是"俨然地陪着"。第三天这位侄子提出要走，"他也不很留"。

鲁迅在小说《离婚》中，[16]塑造了"慰老爷""七大人"两个乡绅的角色。在中国传统社会，这种乡间的读书人，人们对他们的期望是"知书识礼""专替人家讲公道话"。"慰老爷""七大人"在调解施家的儿子和庄家的女儿之间的离婚纠纷中，未见得讲的都是公道话，但他们自己并没有放弃维持民间基本伦理秩序的责任。而鲁四老爷对于卫家违反礼制，将服丧未满的儿媳嫁掉的行为，对贺家违反礼制，不为

---

[14] 周作人，《鲁迅小说里的人物》，页202。
[15] 高远东，《〈祝福〉：儒释道"吃人"的寓言》，见高远东，《现代如何"拿来"：鲁迅的思想与文学论集》，复旦大学出版社，2009，页175—185。
[16] 鲁迅，《彷徨》，页22—34。

死去的兄弟立嗣，一心只是来收屋赶人的行为，却没有说出哪怕一句公道话。

鲁四老爷家最重大的事是祭祀。小说中写到的有两次祝福——祭"福神"，和一次冬至时祭祖。但从小说中，我们看到，这种祭祀只是徒具"礼"的形式，而丧失了"慎终追远、民德归厚"的内涵。鲁四老爷家的祭祀充满了禁忌。他不许祥林嫂沾手祭品，对祥林嫂早不死、晚不死，偏偏在祝福时节死极其恼怒，在他面前，临近祭祀时不得提起死亡疾病之类的话，在他，似乎祭祀已经不再是"巫史传统"的理性化，[17]而是"礼"的去理性化，重新变成了迷信和禁忌。

一旦重新变成迷信和禁忌，以鲁四老爷为代表的鲁镇主流文化，对以柳妈和庙祝为代表的鲁镇文化的另一端，即佛教和民间信仰系统，也就彻底丧失了文化领导权。祥林嫂被贺家大伯逐出家门之后，按照儒家的伦理，并不意味她就失去了在贺家伦理秩序中的地位，即使变作"鬼"，她也是贺家的"鬼"，而不可能在阴间，在阎罗面前，被两个男人争来争去。儒家如果不能容忍在阳世"一女事二夫"，那么在它的解释系统里，也不会容忍在"阴间"发生"一女事二夫"。但在柳妈的意识里，儒家的解释系统在"阴司"已经失效了。而之所以失效，是因为它在阳世已然失效，维护这套解释系统的儒家士人，包括鲁四老爷这位"讲理学的老监生"，已经放弃了维护它的文化责任。

---

[17] 参李泽厚，《说巫史传统》，见李泽厚，《历史本体论·己卯五说》，生活·读书·新知三联书店，2003，页156—188。

《祝福》描绘了一个所有的旧的伦理系统,不管是儒家、道家还是佛家,统统失效的世界。然而,小说中的"我",一个"新党",也并没有做好重建新的伦理的准备。小说中的"我"是在旧历的年底,祝福、祭祖的时节回到鲁镇的,但回来所为何事却一直没有交代,住在鲁四老爷家的三天里,所做的无非是看望几个本家和朋友,显然,"我"并不预备参与到鲁镇的年终大典里;但是,难道在年底回到故乡,仅仅是为了吃一回福兴楼的"一元一大盘"的"清炖鱼翅"?和鲁迅小说《在酒楼上》[18]中的"吕纬甫"一样,《祝福》中的"我",也是这么一个在新旧两个世界之间"敷敷衍衍、模模胡胡"的形象。

"我"对祥林嫂的命运,当然有超出鲁镇一般人的同情。但这种"同情"仅限于她的遭遇,而不包括她的伦理关切。面对祥林嫂的问题,"我"并不打算把"我"对灵魂有无的毫不介意也"启蒙"给她,因为,一旦对祥林嫂进行"启蒙","我"就必然要承担这"启蒙"的全部后果,必然要和祥林嫂一起承担她的命运,这对一个仍然在新旧两个世界之间"敷敷衍衍、模模胡胡"的"彷徨者",显然是一个无法承担的重任。

祥林嫂的三个问题,是在一个既有的伦理秩序完全崩塌的世界里提出的。任何致力于重建或新建某种伦理秩序的人,大概都需要严肃面对这些问题,并做出自己的回答。

---

[18] 鲁迅,《彷徨》,页 165—179。

三 窦娥的冤屈

2005年苏力发表《窦娥的悲剧：传统司法中的证据问题》，[1]激起不少讨论。除法学之外，[2]更多的还是文学的。[3]我从这些讨论中获益良多，其中最重要的，是我从中得知，《窦娥冤》除了流行的臧懋循本之外，还有古名家本。[4]这两个本子都是明代的，但似乎古名家本更接近素朴的演出本，臧懋循本更像是一个明代文人案头欣赏的版本。[5]

我仔细比较了这两个文本，发现，古名家本中窦娥的冤屈是双重的，除了众所周知的"法律之冤"（被冤杀人，真

---

[1] 苏力，《窦娥的悲剧：传统司法中的证据问题》，《中国社会科学》2005（02），页96—108，206。
[2] 比如张建伟，《窦娥的"二度被害"：读朱苏力〈窦娥的悲剧：传统司法中的证据问题〉》，《清华法治论衡》2008（01），页1—45。
[3] 康保成，《如何面对窦娥的悲剧：与苏力先生商榷》，《中国社会科学》2006（03），页149—159，207—208。向彪，《视角的错位导致解读的错误：对苏力〈窦娥的悲剧：传统司法中的证据问题〉一文的几点文学辨正》，《戏剧》（中央戏剧学院学报）2007（01），页71—78。陈建华，《一次失败的跨学科研究：从苏力的〈窦娥的悲剧〉说开去》，《社会科学评论》2008（03），页13—18。
[4] 即臧懋循《元曲选》本（1616年）和玉阳仙史《古名家杂剧》本（1588年）。参见徐沁君，《〈窦娥冤〉三考》，《黄石师院学报（哲学社会科学版）》1983（04），页85—92。奚如谷，《臧懋循改写〈窦娥冤〉研究》，《文学评论》1992（02），页73—84。
[5] 伊维德，《我们读到的是"元"杂剧吗：杂剧在明代宫廷的嬗变》，宋耕译，《文艺研究》2001（3），页97—106。

正的杀人者是张驴儿），还有隐藏不露的"伦理之冤"（被冤改嫁，真正的改嫁者是蔡婆婆）。已有的讨论大多基于臧懋循本，本文立论则依据古名家本。

一　张孛老是窦娥的公公吗？

窦娥的正式罪名是"十恶"中的"药死公公"，而不是普通的杀人。这一点，臧懋循本和古名家本是一致的：

> （天章）我将这文卷看几宗咱。一起犯人窦娥将毒药致死公公。好是奇怪也。我才看头一宗文卷，就与老夫同姓；这药死公公的罪名，犯在十恶。俺同姓之人也有不畏法度的。（古名家本，第四折[6]）
> （窦天章云）我将这文卷看几宗咱。一起犯人窦娥，将毒药致死公公。我才看头一宗文卷，就与老夫同姓；这药死公公的罪名，犯在十恶不赦。俺同姓之人，也有不畏法度的。（臧懋循本，第四折[7]）

臧懋循本和古名家本的不同在于，古名家本中，蔡婆婆明确招了张孛老做接脚；而在臧懋循本中，蔡婆婆只是将张孛老父子接到家中"养膳"，并未与张孛老成婚。臧懋循本

---

[6] 关汉卿，《关汉卿戏曲集》，吴晓玲等编校，中国戏剧出版社，1958，页847—869。古名家本和其他各本之间详细的汇校，见蓝立萱校注，《汇校详注关汉卿集》（中册），中华书局，2006，页1045—1153。
[7] 顾学颉选注，《元人杂剧选》，人民文学出版社，1998，页3—41。

中，张孛老自然不是窦娥的公公，但在古名家本中呢？

按现代中国城市人的人情、世故，不管是窦娥嫁了张驴儿，还是蔡婆婆嫁了张孛老，窦娥都可以叫张孛老一声"公公"。但在窦娥那个时代，窦娥嫁了张驴儿，张孛老是窦娥的公公不假，但如果是蔡婆婆嫁了张孛老，张孛老却未必是窦娥的公公。

《仪礼·丧服》经传：

> **齐衰不杖期：继父同居者。齐衰三月：继父不同居者。**

> 传曰：何以期也？《传》曰："夫死妻稚子幼，子无大功之亲，与之适人，而所适者亦无大功之亲。所适者以其货财为之筑宫庙，岁时使之祀焉，妻不敢与焉。"若是，则继父之道也。同居则服齐衰期，异居则服齐衰三月也。必尝同居，然后为异居。未尝同居，则不为异居。

这里讨论的是继父成立的条件。张孛老是否是窦娥礼制上的公公，关键在于张孛老是否能成为蔡婆婆儿子的继父。为推想清楚起见，我们假设蔡婆婆的儿子还活着，蔡婆婆带着儿子改嫁张孛老。这种情况下，张孛老会不会成为她儿子的继父呢？

答曰："不会。"因为继父的成立需要三个条件：一、夫死妻稚子幼；二、子无大功之亲；三、所适者亦无大功之亲。[8]蔡婆婆如果带着儿子改嫁张驴老,只符合第二条,不符合其他两项,因为蔡婆婆"年纪高大",六旬开外,儿子年龄也不小了,不是"妻稚子幼",再则张驴老自己有儿子张驴儿,属于期亲,在大功亲之上。

为了让张驴老顺利成为蔡婆婆儿子的继父,我们再进一步假设蔡婆婆是在年轻的时候改嫁了张驴老,而张驴老不光没有儿子,连大功亲如侄儿也没有。这样,张驴老终于可以做蔡婆婆儿子的继父了。再假设张驴老以其货财为蔡婆婆之子"筑宫庙,岁时使之祀焉",符合"继父之道",这样,如果张驴老死了,蔡婆婆的儿子就可以为这个同居的继父服"齐衰不杖期",他的妻子(窦娥)则减一等服"齐衰三月"。

也就是说,蔡婆婆改嫁并不必然导致张驴老成为窦娥的公公。只有在蔡婆婆的儿子活着的时候就改嫁了,张驴老才可能成为窦娥的公公。

当然,《仪礼·丧服》对应的是先秦的情况,那时,妻为舅姑服期。舅姑之服在后代越来越重,从五代到南宋,渐次变为斩衰及齐衰三年;明清时,伴随着子为母服斩衰,妻为舅姑也全部服斩衰。[9]

但是,原理并没有变。不管窦娥生活在哪一个时代,"既嫁从夫",她丈夫的父亲才是她的公公。要确定她和张驴老的关系,必须先确定她丈夫和张驴老的关系。没有她的丈夫作为中介,她和张驴老之间在礼制上形同路人。在古名家

---

[8] 详细讨论见田志鹏,《试论继父服》(未刊稿)。
[9] 滋贺秀三,《中国家族法原理》,张建国、李力译,法律出版社,2003,页22。

本中，蔡婆婆在儿子死后改嫁张孛老，并不能导致张孛老成为窦娥的"公公"。那么，在哪种情形下，张孛老才能成为窦娥的"公公"呢？答案只有一条，那就是窦娥嫁给了张驴儿。在古名家本中，张驴儿对这种礼制上的差异知道得很清楚。请看他对窦娥的诬告：

> （净）小人是原告张驴儿的便是。告媳妇儿合毒药药死俺老子。望大人与孩儿做主。（古名家本，第三折）

张驴儿说窦娥是他的"媳妇儿"，那么，他老子张孛老自然就是窦娥的公公，"药死公公"属于"十恶"中的"恶逆"，遇赦不除。张驴儿这样诬告的目的自然是让窦娥快快被处死——当然他的目的很快达到，窦娥果然以"十恶"罪名被处死，根本没有等到秋凉。[10]

二 窦娥为什么要承认"药死公公"？

不过，这里仍然可以提出一个疑问，虽然张驴儿诬告窦娥"药死公公"，但窦娥完全可以只认杀人，而否认改嫁，毕竟这样可以避免被快快处死，更不要说她此前曾激烈地反

---

[10] 陈顾认为，窦娥冤案是由于"窦娥和窦天章代表的（汉族）儒家礼法与桃杌、张驴儿父子代表的（游牧）蒙古文化之间文化冲突"造成的。但从古名家本看，张驴儿对以礼入律、"准五服治罪"而形成的"恶逆"这一罪名的法律后果知道得很清楚，张驴儿即便是蒙古人，也是个对儒家礼法很熟悉的蒙古人。陈顾，《司法冤案与儒家礼法：以〈窦娥冤〉为例》，《中外法学》2014（5），页1250—1269。

对改嫁。换句话说，在古名家本中，窦娥一反常态地承认"药死公公"，其动机仍然需要深究。

在古名家本中，蔡婆婆招了张孛老做接脚一事是非常确凿的，蔡婆婆也并不遮掩：

> （卜）我问赛卢医讨银子去，他赚我到郊外勒死我。亏了这张老并他儿子张驴爷儿两个救了我性命。我就招张老做丈夫，因这等烦恼。（古名家本，第一折）

张孛老也是大大方方地以蔡婆婆的老伴自居：

> 老汉自从来到蔡婆婆家做接脚，谁想婆婆一向染病。（古名家本，第二折）

在吃羊肚汤那一幕，两人还表现得十分恩爱，一口羊肚汤让来让去：

> （孛老）孩儿，汤有了不曾？（净）有了，你拿过去。（孛老将汤云）婆婆，你吃些汤儿。（卜）有累你。你先吃口儿我吃。（孛老）你吃。（卜）老儿，你先吃。（孛老吃科）（古名家本，第二折）

只有窦娥对老两口的恩爱之举非常反感：

> （旦唱）【贺新郎】一个道你爷先吃，一个道你娘

三 窦娥的冤屈

吃,这言语我听也难听,我可是气也不气!新婚的姻眷偏欢喜,不想那旧日夫妻道理,常好是百从千随?这婆娘心如风刮絮,那里肯身化做望夫石?旧恩情倒不比新佳配。他则待百年为婚眷,那里肯千里送寒衣?(古名家本,第二折)

在公堂上承认"药死公公"之前,窦娥对蔡婆婆改嫁的批评是非常直接、凌厉的:

【南吕一枝花】他则待一生鸳帐里眠,那里肯半夜空房里睡;他本是张郎妇,又做了李郎妻。有一等妇女每相随,并不说家克计,则打听些闲是非;说一会那丈夫打凤的机关,使了些不着调虚嚣的见识。

【梁州】那一个似卓氏般当垆涤器,那一个似孟光般举案齐眉,近时有等婆娘每,道着难晓,做出难知。旧恩忘却,新爱偏宜;坟头上土脉犹湿,架儿上又换新衣。那里有走边延哭倒长城?那里有浣纱处甘投大水?那里有上青山便化顽石?可悲,可耻!妇人家只恁无人意。多淫奔,少志气,亏杀了前人在那里,更休说百步相随。(古名家本,第二折)

除了一再提醒蔡婆婆不要忘记死去的夫主,古名家本中窦娥一上场,就唱出了自己对死去的丈夫的思念:

【仙吕点绛唇】满腹闲愁,数年坐受,常相守,无了无休。朝暮依然有。

【混江龙】黄昏白昼，忘餐废寝两般忧。夜来梦里，今日心头。地久天长难过遣，旧愁新恨几时休。则这业眼苦，愁眉皱，情怀冗冗，心绪悠悠。（古名家本，第一折）

这和蔡婆婆上场念的两句定场诗全然不同：

（冲末扮卜儿上）花有重开日，人无再少年。（古名家本，第一折）

一个是念念不忘死去的丈夫，一个是旧情已淡，早就憧憬梅开二度。臧懋循本在蔡婆婆的定场诗中增添了"不需长富贵，安乐是神仙"一句，有意把这种憧憬弱化了。而在古名家本中，此剧的主要矛盾便是蔡婆婆、窦娥婆媳二人对改嫁一事的伦理争执。古名家本的题目是"后嫁婆婆忒心偏，守志烈女意自坚"，正名是"汤风冒雪没头鬼，感天动地窦娥冤"，体现的正是"后嫁婆婆"和"守志烈女"在再嫁问题上的冲突；臧懋循本的题目是"乘鉴持衡廉访法"，正名是"感天动地窦娥冤"，并系统地抹掉了蔡婆婆改嫁这一情节，把戏剧的主要矛盾从婆媳的"伦理"冲突，变成了官民的"法律"冲突，从而把一出伦理戏改成了公案戏。

然而，只有从"伦理"冲突的角度看，窦娥在公堂上被刑讯过程中的如下唱词才是可以理解的：

三 窦娥的冤屈

【骂玉郎】这无情棍棒教我捱不的。婆婆也,须是你自做下,怨他谁? 劝普天下前婚后嫁婆娘每,都看取我这般傍州例。(古名家本,第三折)

窦娥把刑讯理解为对"前婚后嫁"的惩罚,旁人眼中是窦娥为杀人而承受棰楚,而在窦娥心中,这是在替婆婆承受改嫁的棰楚。顺着这样的心理,当窦娥在堂上说出"住、住、住,休打我婆婆。我招了罢,是我药死公公"一句时,就不光是要阻止官吏对婆婆的刑讯,更是要了结自己与婆婆的争执。要阻止对婆婆的刑讯,只需违心地承认"药死人"就可以了;但更违心地承认"药死公公",则是把婆婆改嫁的伦理罪过揽到自己头上。阻止对婆婆的刑讯,是让婆婆继续活下去,而替婆婆承担改嫁的罪过,则是让婆婆在伦理上再生,更有价值地活下去。

(旦唱)【尾声】我做了个衔冤负屈没头鬼,不走了你好个好色荒淫漏面贼!想青天不可欺,想人心不可欺。冤枉事天地知,争到头,竞到底,到如今说甚的?冤我便药杀公公,与了招罪。婆婆,我到把你来便打的,打的来怎的。若是我不死,如何救得你?(古名家本,第三折)

与臧懋循本不同,古名家本中,窦娥最后詈骂的这个"好色荒淫漏面贼"就是蔡婆婆,而不是张驴儿。"若是我不死,如何救得你",这里的"救",不仅是生命意义上的替死,更是在伦理意义上的拯救。窦娥的这一认,就不仅是承担了张驴儿的杀人罪责,也承担了婆婆的失节过错;窦娥的冤,就不仅是法律之冤,而且也是伦理之冤。

三 "三从四德"与"三桩誓愿"

对窦娥来说,伦理之冤更甚于法律之冤,古名家本《窦娥冤》要搬演的也是一出伦理悲剧,而不是法律悲剧。这样来看,古名家本《窦娥冤》中窦天章一角的含义,也就不限于收拾法律冤屈的"官",而更是收拾伦理冤屈的"父",因窦娥的伦理自觉正是来自她的父亲窦天章。

窦天章在与窦娥的鬼魂相认时,先不叙离别之情,而是重讲了一番他自小就教给窦娥的三从四德的大道理:

> (天章)禁声!你这个小贱人,老夫为你啼哭的眼也花了,忧愁的头也白了,你划地犯下十恶大罪,受了典刑。我今日官居台省,职掌刑名,天下审囚刷卷,体察滥官污吏;你是我亲生之女,先犯下十恶大罪,老夫将你治不的,怎治他人?我将你嫁与他家呵,要你三从四德。三从者:在家从父,出嫁从夫,夫死从子,此乃为之三从;四德者:事翁姑,敬夫主,和妯娌,睦街坊,此乃为之四德。今乃三从四德全无,划地犯了十恶大罪。常言道,事要前思,免劳后悔。我窦家三辈无犯法之男,五世无再婚之女;既将你出嫁从夫,便习学廉耻仁义。全不思九烈三贞,到犯了十恶大罪。你辱没祖

上家门,又把我清名连累。快与我细说真情,不要你虚言支对。莫说的有半厘差错,牒发你城隍祠内,我着你永世不得人身;我把你罚在阴山永做饿鬼。(古名家本,第四折)

对这三从四德的道理,窦娥也完全认可:

(魂旦)俺家三辈儿无犯法之男,五世无再婚之女。好马不鞴双鞍,烈女不更二夫。

然而伦理问题的实质永远都是,这些三从四德的内部可能是互相冲突的。拿窦娥来说,在一个执意要改嫁的婆婆面前,"事翁姑"和"敬夫主"就是冲突的。要为丈夫守贞,就不能容忍丈夫的母亲、自己的婆婆的不贞;而要掩盖婆婆的不贞,就要自己承担不贞的罪名,从而败坏父亲的名声。

作为鬼魂,窦娥仍然不能忘却自己的伦理责任。我们看最后窦娥对父亲窦天章叙述的案情:

楚州城里有个赛卢医,他本利少俺婆婆二十两白银。俺婆婆去取讨银子,被他将俺婆婆赚到城外,要将婆婆勒死;不想撞见张驴儿父子两个,救了俺婆婆性命。那老张问道:"婆婆,你家里有甚么人?"婆婆道:"俺家无人,只有个守寡的媳妇唤作窦娥。"老张道:"你家中既无人,我招与你做夫主,你意下如何?"俺婆婆坚执不肯。那老张父子两个道:"你若不从,我还勒死你。"婆婆惧怕,不得已许了。实是唬嚇成亲。就将他爷儿两个领到家中,过其日月。有张驴儿数次调戏你女孩儿,我坚意不肯。(古名家本,第四折)

在父亲面前,她没有必要再自认不贞,但她仍然为婆婆开脱——"我婆婆坚执不肯","婆婆惧怕,不得已许了。实是唬嚇成亲"——我们知道,这并非实情,但在已化为鬼魂的窦娥心中,既然婆婆的不贞已然被自己以生命为代价赎过了,那么,就没有必要揭发这实情。窦娥还嘱咐父亲"恩养俺婆婆",实际上是嘱咐父亲替自己完成"事翁姑"的伦理责任。

也许,在窦娥看来,作为钦差的父亲也只能解决法律上和部分伦理上的冤屈,而无力解决全部伦理上的冤屈。全部伦理上的冤屈,即使在鬼魂那里,也是不能大白于天下的,因为人间的伦理按下葫芦起来瓢,总有那无言幽怨的部分。只有"天",才是这一切无言幽怨的俯瞰者和倾听者。窦娥临刑前的三桩誓愿,全是对这无言的"天"发出的:

(旦)窦娥告监斩官,要一领净席。我有三件事,肯依窦娥,便死无怨。要丈二白练,挂在旗枪上:若刀过处头落,一腔热血休落在地下,都飞在白练上者。若委实冤枉,如今是三伏天道,下尺瑞雪,遮了窦娥尸首。着这楚州亢旱三年!(刽子)打嘴!那得此话!(旦唱)【尾声】当日个哑妇含药反受殃,耕牛为主遭鞭。(刽子)天色阴了。呀,下雪了。(刽子扇雪天发愿科)

三 窦娥的冤屈

(磨旗刽子遮住科)(旦)霜降始知说邹衍,雪飞方表窦娥冤。(古名家本,第三折)

血飞白练,是拒绝这地收纳这血;三伏飞雪,是把尸首交付给天掩埋;亢旱三年,是让这天惩罚这地。血红化为雪白,三年的雨雪,在这一朝倾泻下来。

子曰:"天何言哉?四时行焉,百物生焉,天何言哉!"(《论语·阳货》)无言的"天"看见了,也听懂了窦娥的冤屈,不惜改变了四时的运行,这恐怕才是"感天动地窦娥冤"的本意。

四 "刑名违错"与"伦理违错"

无论古名家本还是臧懋循本,窦娥冤案昭雪后,窦天章宣布原审官吏的错误都是"刑名违错",处罚相同,都是"杖一百","永不叙用"。所谓刑名违错,并不是说将无罪判为有罪,而是将此罪判为彼罪,也就是将不构成"药杀公公"的普通杀人罪错判为"十恶"大罪。[11]但是,在这两个不同的文本中,"刑名违错"如何构成却并不相同。

臧懋循本中的"刑名违错"非常显豁。臧本中张驴儿是这么告的:

---

[11] 苏力文章和其引发的法学讨论,都把《窦娥冤》中的法律问题集中在审讯过程中的证据、刑讯等"刑事程序法"问题上,但从《窦娥冤》的两个文本看,窦天章最后认定审判者的错误都是"刑名违错"这一"刑事实体法"问题。

（张驴儿云）小人是原告张驴儿，告这媳妇儿，唤做窦娥，合毒药下在羊肚汤儿里，药死了俺的老子。这个唤做蔡婆婆，就是俺的后母。望大人与小人做主咱！
（臧懋循本，第三折）

这里张驴儿告的本来就是普通杀人。他并没有说窦娥是自己的"媳妇儿"，那么，窦娥"药死了俺的老子"，当然只是普通杀人。他说蔡婆婆是自己的后母，与臧懋循本事实不合；但正如前文已经反复申述的，即使蔡婆婆嫁给了张孛老，根据礼制，张孛老也不是窦娥的公公。官吏没有搞清楚窦娥与张孛老之间的服制关系，贸然判窦娥犯下"药死公公"的十恶大罪，自然是官吏的错。臧懋循本将张驴儿诬告的恶意降低，是为了凸显官吏的昏与恶。为此，臧本不惜给官吏取了一个恶名——"桃杌"。所有这一切，都服从于将此剧系统改为一出公案剧的总意图。

相比之下，古名家本中官吏的"刑名违错"则显得有点"冤枉"。古本中官吏之所以没有将罪名查清，一是受到张驴儿处心积虑诬告的误导，二是窦娥也没有及时澄清她与张驴儿并不是夫妻，并且很快就为了救婆婆而承认了"药死公公"。

但正是在这里，我们发现，古名家本作为一出伦理剧，对官吏的期待与公案剧并不相同。且看这一幕：

（净拖旦上。云）告状，告状。（张千云）过来。（做见科）（旦净同跪科）（丑亦跪科。云）请起。（张

三 窦娥的冤屈

千）相公，他是告状的，怎生跪着他？（丑）你不知道，但来告状的就是我衣食父母。（古名家本，第三折）

"但来告状的就是我衣食父母"，不但显示的是官吏的"贪"（其实这一点并没有在剧情中落实），更主要是官员的"昏"，因为这句话直接颠倒了官民之间本来的伦理关系。本应该是"父母官"的官，却向自己的子民跪下了。在跪下的同时，官也就卸下了自己"爱民如子"的伦理责任，而只是机械地执行自己的法律职能：审问、拷打、判决、执行。"刑名违错"的根源并不在于官吏的刑名知识不足。因为，既然这一套"准五服治罪"的刑名背后，无非是"以礼入法"的伦理，那么，要精研刑名，就必须要把自己也放到这一套伦理关系中去。"刑名违错"的背后，无非是"伦理违错"。

古名家本中，窦天章为了上朝科举，求取功名，将年仅七岁的女儿卖给蔡婆婆做童养媳，本来就是一件"伦理违错"的事实。窦天章一举及第，得官之后，也曾"使人往楚州山阳郡问蔡婆婆家"。但街坊邻居都不知蔡婆婆搬在哪里去了，"至今音信皆无"（古名家本，第四折）。

在古名家本中，蔡婆婆第二次上场，已在荆州；窦娥也有"俺公公撞府冲州"的唱词，可见做高利贷生意的蔡家，和开生药局的赛卢医一样，都属于流寓不定的游商。但十三年间，窦天章并没有一直将这个女儿放在心上，也是事实。

古名家本中蔡婆婆自称"楚州人氏"，窦天章自述"祖居长安京兆"，"今在这楚州山阳郡住坐"，可见窦天章也是流寓楚州。那窦娥认为她是哪里人呢？

（正旦扮窦娥上）妾身姓窦，小字端云，祖居楚州人氏。我三岁上亡了母亲，七岁上离了父亲。俺父亲将我嫁与蔡婆婆为儿媳妇，改名窦娥，至十七岁与夫成亲。不幸夫亡化，可早三年光景。我今二十岁也。（古名家本，第一折）

窦娥的确做到了在家从父，出嫁从夫。嫁前为端云，嫁后为窦娥。因夫家为楚州人，婚后便也自认楚州人氏。然而在她临刑前所发的三桩誓愿里，所针对的也是楚州。

（旦唱）【滚绣球】……地也，你不分好歹难为地；天也，我今日负屈衔冤哀告天……（古名家本，第三折）

《仪礼·丧服》传云："父，天也。"那么，她那时呼唤的"天"，也可以理解为"父"，哪怕她人间的父，已抛弃她一十三年。

十三年后，窦天章"身居台省，职掌刑名"，来到淮南扬州，"申囚刷卷"，看到"一起犯人窦娥将毒药致死公公"的问结文卷，窦天章脱口而出"药死公公，犯在十恶"，可见他的确精研刑名，远在楚州官员之上。但直到这时，他也只是对"俺同姓之人也有不畏法度的"感到奇怪，他想到了同姓之人，却没有想到自己的女儿。

三　窦娥的冤屈

> （魂旦上。唱）【双调新水令】我每日哭啼啼守定望乡台……（古名家本，第四折）

"望乡台"也是"望父台"。窦娥鬼魂每日望向的，是长安方向，那是父亲的方向。《窦娥冤》最后一折的鬼戏中，有大量表现父女情深的动作：

> （魂见哭科）（天章亦哭科。云）端云孩儿，你在那里来？（旦虚下）（天章醒科。云）好是奇怪也。老夫恰合眼，梦见端云孩儿，恰便似在我跟前一般。我再看这文卷咱。（魂过做弄灯科）（天章）好奇怪也，我正要看这文卷，怎生这灯忽明忽灭的？张千也睡着了，我自己别灯咱。（往东边别灯科）（魂翻文卷科）（天章）我别的这灯明了也，再看几宗文卷。……（魂弄灯科）（天章）好是奇怪也，怎生这灯又是半明半暗的？我再自己别这灯咱。（往东边别灯科）（魂翻文卷科）（天章）我别的这灯明了，我另拿一宗文卷看咱。……（魂弄灯科）（天章）实是奇怪也，怎生这灯又不明了，又这等忽明忽暗的，敢有鬼弄这灯？我再别一别去。（做往东边别灯科）（荒回科）（魂翻文卷科）（做撞见科）……（古名家本，第四折）

这鬼魂三番五次弄灯、翻文卷的表演并不可怖，却是憨憨的、怯生生的，一个被抛弃十三年的女儿，终于见到了日思夜想的父亲。时间、冤屈和阴阳，毕竟没有隔断父女情，情感复归的同时，伦理也得以重建。这伦理重建当然是在父女之间，同时也是在官民之间，和天地之间。如果"刑名违错"的背后是"伦理违错"，那么人世间冤屈的化解，天地间冤气的消解，最终也要靠伦理重建，在这一点上，作为伦理剧的古名家本《窦娥冤》，远远超越了作为公案剧的臧懋循本《窦娥冤》。

附：海滨——故事新编

四 舜『窃负而逃』解

一　父母之不我爱

舜是《孟子》中提到次数最多的人物，比提到尧和孔子的次数还要多。有时候是尧舜并称，单独讲舜的故事是从《公孙丑》开始：

> 大舜有大焉，善与人同，舍己从人，乐取于人以为善。自耕稼、陶、渔以至为帝，无非取于人者。取诸人以为善，是与人为善者也。故君子莫大乎与人为善。（3.8）

接下来在《滕文公》中，讲到了尧举舜、舜受尧之天下的故事：

> 尧独忧之，举舜而敷治焉。（5.4）
> 如其道，则舜受尧之天下，不以为泰。（6.4）

到《离娄》中，舜的故事开始多起来：

> 不孝有三，无后为大。舜不告而娶，为无后也，君子以为犹告也。(7.26)
>
> 天下大悦而将归己，视天下悦而归己犹草芥也，惟舜为然。不得乎亲，不可以为人。不顺乎亲，不可以为子。舜尽事亲之道而瞽瞍厎豫，瞽瞍厎豫而天下化，瞽瞍厎豫而天下之为父子者定，此之谓大孝。(7.28)
>
> 舜生于诸冯，迁于负夏，卒于鸣条，东夷之人也。(8.1)

这几章非常集中。《离娄上》7.28和《离娄下》8.1其实是连着的。《孟子》七篇，《离娄》处在中间位置，而以上几条又处在《离娄》的中间位置（即《离娄》上的末尾和《离娄》下的开头），也就是说，这几章实际上是在《孟子》全书的中间位置。

不仅如此，这几章还奠定了《孟子》中舜之故事的基调，即以舜的家庭故事为主。这和《尚书》《史记》中舜的故事以政治为重心是不同的。

《尚书》中关于舜的家庭故事有以下几条：

> 瞽子，父顽，母嚚，象傲；克谐以孝，烝烝乂，不格奸。(《尚书·尧典》)
>
> 帝初于历山，往于田，日号泣于旻天，于父母，负罪引慝。祗载见瞽瞍，夔夔斋栗，瞽亦允若。(《尚

书·大禹谟》[1]）

对"舜往于田，号泣于旻天"这件事，孟子在《万章》篇中做了详细的讲解。孟子认为，这是舜对父母"怨慕"的表现。

万章引用曾子的话，"父母爱之，喜而不忘；父母恶之，劳而不怨"，[2]认为舜不应该怨父母。

孟子告诉万章，公明高的弟子长息，曾经对公明高（曾子弟子）说过同样的对舜不满的话。万章也好，长息也好，这些年轻人都有一个想法，如果舜真是孝子，他就应该这样想："我竭力耕田，共为子职而已矣，父母之不我爱，于我何哉？"而孟子和公明高这两位老师却认为，一个真正的孝子，对于爸爸妈妈不爱我这件事，不应该表现得这样无忧无虑，满不在乎："夫公明高以孝子之心，为不若是恝"，恝，无忧。

和这些年轻人不一样的是，孟子认为，舜对"父母之不我爱"，一辈子都是耿耿于怀的：

> 帝使其子九男二女，百官牛羊仓廪备，以事舜于畎亩之中。天下之士多就之者，帝将胥天下而迁之焉。为不顺于父母，如穷人无所归。天下之士悦之，人之所欲也，而不足以解忧；好色，人之所欲，妻帝之二女，而

---

[1] 郭仁成，《尚书今古文全璧》，岳麓书社，2006。
[2] 《大戴礼记·曾子大孝》。

不足以解忧;富,人之所欲,富有天下,而不足以解忧;贵,人之所欲,贵为天子,而不足以解忧。人悦之、好色、富贵,无足以解忧者,惟顺于父母,可以解忧。人少,则慕父母;知好色,则慕少艾;有妻子,则慕妻子;仕则慕君,不得于君则热中。大孝终身慕父母。五十而慕者,予于大舜见之矣。(9.1)

基于这种认识,孟子对于"舜往于田,号泣于旻天"做了非同寻常的理解。按《尚书》的说法,"帝初于历山,往于田,日号泣于旻天",应该是舜早年耕于历山时事。那时候舜三十岁,被尧征庸。[3]"祗载见瞽瞍,夔夔斋栗,瞽亦允若",也是这时候的事。"瞽亦允若"意味着舜对瞽瞍的感化成功,"烝烝乂,不格奸"。这才有四岳对舜的推荐,和尧对舜的试用。

但在孟子看来,舜把孩童时期对父母的"慕",一直保持到五十岁("五十而慕"),甚至在成为天子之后仍不见减少。这时候的舜,早已不是三十岁时,他的财富、身份、地位、妻子,对别人来说都已经足以解忧——但这些都不能解舜之忧。

舜之忧是什么呢,"为不顺于父母,如穷人无所归"。

小孩子依恋父母,再自然不过;如果父母不爱他,他有怨气,也正常。对普通人来说,这种慕和怨随着年龄的增长,会逐渐转移到少艾、妻子、君上那里,对父母只留下纯

---

[3]《尚书·舜典》:"舜生三十征。"

四 舜"窃负而逃"解

粹的义务，不再慕，从而也没有与之相连的怨。"我竭力耕田，共为子职而已矣，父母之不我爱，于我何哉？"这都是常见的想法，万章是这样想的，长息也是这样想的。

孟子理解的舜却不是这样。大孝终身慕父母，如果慕而不得爱，同样的，大孝终身怨父母。这种怨慕无法得到疏解，只能跑到野外，"号泣于旻天"。在《尚书》中，这可能是一个十几二十岁的少年郎做的，但在《孟子》中，"号泣于旻天"的，可能是一个中年的舜，也可能是一个老年的舜，可能是一个匹夫的舜，也可能是一个天子的舜。

这就是孟子心目中的舜，一辈子最大的纠结，是无论自己怎么做，却既得不到父爱，也得不到母爱，而且父母、兄弟还联合起来要杀自己：

> 万章曰："父母使舜完廪，捐阶，瞽瞍焚廪。使浚井，出，从而揜之。象曰：'谟盖都君咸我绩，牛羊，父母；仓廪，父母。干戈，朕；琴，朕；弤，朕；二嫂，使治朕栖。'象往入舜宫，舜在床琴。象曰：'郁陶思君尔。'忸怩。舜曰：'惟兹臣庶，汝其于予治。'不识舜不知象之将杀己与？"曰："奚而不知也？象忧亦忧，象喜亦喜。"（9.2）

"象忧亦忧，象喜亦喜"，也可以推而广之，"父忧亦忧，父喜亦喜"。喜不是伪喜，忧不是伪忧；然而舜之忧究竟为何？

二 尧、舜之忧

《尚书》中，舜因为孝友而知名，被四岳推荐给四处寻找接班人的尧。寻忠臣于孝子之门，这种想法不稀奇，如郭店简《唐虞之道》：

> 古者尧之与舜也：闻舜孝，知其能养天下之老也；闻舜弟，知其能事天下之长也；闻舜慈乎弟（象□□，知其能）为民主也。故其为瞽盲子也，甚孝；及其为尧臣也，甚忠；尧禅天下而授之，南面而王天下，而甚君。故尧之禅乎舜也，如此也。[4]

然而《孟子》中对尧为什么举舜却似乎语焉不详。在《尚书》或《唐虞之道》版的故事中，舜在被征庸之前，他的孝亲友弟之行，已经收到成效。但孟子显然认为，舜到五十岁贵为天子之后，依然没有解掉他的不顺于父母之忧，舜的孝友，还没有什么成效。那么，在孟子看来，尧到底是凭什么举舜呢？

我们先来看看《孟子》讲尧举舜的时候，尧面临什么问题：

---

[4] 李零，《郭店楚简校读记》（增订本），中国人民大学出版社，2007，页123—125。

四 舜"窃负而逃"解

> 当尧之时，天下犹未平，洪水横流，氾滥于天下，草木畅茂，禽兽繁殖，五谷不登，禽兽偪人，兽蹄鸟迹之道交于中国。尧独忧之，举舜而敷治焉。舜使益掌火，益烈山泽而焚之，禽兽逃匿。禹疏九河，瀹济、漯而注诸海，决汝、汉，排淮、泗而注之江，然后中国可得而食也。……后稷教民稼穑，树艺五谷。五谷熟而民人育。人之有道也，饱食、暖衣、逸居而无教，则近于禽兽。圣人有忧之，使契为司徒，教以人伦：父子有亲，君臣有义，夫妇有别，长幼有叙，朋友有信。放勋曰："劳之来之，匡之直之，辅之翼之，使自得之，又从而振德之。"（5.4）

孟子讲这个故事，是为了向陈相说明"劳心者治人，劳力者治于人"这个道理。所谓"劳心"，就是"忧"。[5]别人不忧，而"尧独忧之"，所以尧就是这个时候唯一的治人者：尧忧天下未平。天下未平是洪水泛滥带来的。洪水泛滥对人是一件坏事，但对草木禽兽未必；草木畅茂，禽兽繁殖，唯独五谷不登，而人是靠五谷活着的。

尧"举舜而敷治。"舜用了三个人，益对付禽兽，禹对付洪水，后稷教民稼穑，树艺五谷。

水退了，禽兽逃走了，人民吃饱、穿暖、住舒服了——然而却在安逸放纵中变成了禽兽。

这时候轮到舜忧了。舜在这时候变成了劳心治人者。孟

---

[5] 感谢北京大学哲学系杨立华老师给我讲这个道理。

子称舜为"圣人"。"圣人"舜"使契为司徒,教以人伦:父子有亲,君臣有义,夫妇有别,长幼有叙,朋友有信"。如果说舜的家庭生活经验使舜担忧人会因为"饱食、暖衣、逸居而无教",从而近于禽兽,这是说得通的。但要说尧一开始就想到了这一步,所以早早就因为舜孝而举之,未免有些牵强。

在《公孙丑》中,孟子曾提到舜的一个特点:

> 大舜有大焉,善与人同,舍己从人,乐取于人以为善。自耕稼、陶、渔以至为帝,无非取于人者。取诸人以为善,是与人为善者也。故君子莫大乎与人为善。(3.8)

尧面临的问题是洪水、禽兽,需要一个从事过各种职业,同时又能够发挥益、禹、后稷这些专业人才所长的领导者。舜种过地,做过陶,打过渔,同时又有善与人同、舍己从人的特点,经历丰富,既能领导这些专家,又不会自以为是。他因为这个特点而被尧看重,是完全可能的。《孟子》特别强调,舜的政治才能来自他的职业生涯而非家庭生活:"自耕稼、陶、渔以至为帝,无非取于人者。取诸人以为善,是与人为善者也。"(3.8)

尧忧天下,舜忧人伦。尧忧禽兽逼人,舜忧人沦为禽兽。对尧来说,自然界的禽兽是很大的问题,因为它们侵蚀了人因为洪水变得逼仄的生活空间,但对舜来说,自然界的禽兽从来不是问题:

> 舜之居深山之中，与木石居，与鹿豕游，其所以异于深山之野人者几希。及其闻一善言，见一善行，若决江河，沛然莫之能御也。(13.16)

舜这个人的本性很强大，不大受外界环境的影响：

> 舜之饭糗茹草也，若将终身焉；及其为天子也，被袗衣，鼓琴，二女果，若固有之。(14.6)

如果人人都是舜这样的，尧也用不着心忧天下。因为洪水泛滥、禽兽肆虐、五谷不登都影响不到他。他可以饭糗茹草，也可以"与木石居，与鹿豕游"，却根本不会堕落为禽兽。

三 尧、舜之道

尧之忧在天下，舜之忧在人伦；从这点出发，就可以分辨出《孟子》中尧、舜并称的时候，哪些偏在尧，哪些偏在舜。

首先，尧为君，舜为臣；尧道为君道，舜道为臣道。

> 欲为君，尽君道；欲为臣，尽臣道。二者皆法尧、舜而已矣。不以舜之所以事尧事君，不敬其君者也；不以尧之所以治民治民，贼其民者也。(7.2)

根据这一点,可以确定《公孙丑》中出现的唯一一处"尧、舜之道"指的是君道,或者说王道。

> 我非尧、舜之道,不敢以陈于王前,故齐人莫如我敬王也。(4.2)

在《梁惠王》《公孙丑》中,王道政治的典范是周文王。如:

> 昔者文王之治岐也,耕者九一,仕者世禄,关市讥而不征,泽梁无禁,罪人不孥。老而无妻曰鳏,老而无夫曰寡,老而无子曰独,幼而无父曰孤。此四者,天下之穷民而无告者。文王发政施仁,必先斯四者。《诗》云:"哿矣富人,哀此茕独。"(2.5)

孟子推崇耕者九一,对滕文公的建议也是如此(5.3)。同时强调税率并不是越低越好:

> 白圭曰:"吾欲二十而取一,何如?"孟子曰:"子之道,貉道也。万室之国,一人陶,则可乎?"曰:"不可,器不足用也。"曰:"夫貉,五谷不生,惟黍生之。无城郭、宫室、宗庙、祭祀之礼,无诸侯币帛饔飧,无百官有司,故二十取一而足也。今居中国,去人伦,无君子,如之何其可也?陶以寡,且不可以为国,况无君子乎?欲轻之于尧、舜之道者,大貉、小貉也;欲重之

于尧、舜之道者，大桀、小桀也。"（12.10）

尧的王道不是貉道。人要脱离禽兽，须食五谷，须有城郭、宫室、宗庙、祭祀之礼，须有诸侯币帛饔飧，须有百官有司。"劳心者治人，劳力者治于人。"就贡赋而言，二十取一是不够的，十取一才可能支持王道政治，低于此则有可能堕入禽兽之道。王道政治的这一源头来自"尧之忧"。当然，仅仅有那些也是不够的。"去人伦，无君子。"人也可能重新堕入禽兽之道，王道政治的这一头来自"舜之忧"。

在有些场合，"尧、舜之道"明显偏在舜，比如：

尧、舜之道，孝悌而已矣。（12.2）

这里的尧、舜之道就偏指舜之道。[6] 因为"舜之道"来自"舜之忧"，而"舜之忧"，在人伦。

四　父子不责善

《尚书》中，尧是为了测试舜才把两个女儿嫁给他。

帝曰："我其试哉！女于时，观厥刑于二女。"厘降二女于妫汭，嫔于虞。帝曰："钦哉！"（《尚书·尧典》）

---

[6] 当然，还有一些对尧舜的评论给两个人都合适，并不是偏在哪一个，比如性善：孟子道性善，言必称尧、舜。(5.1)"尧、舜，性之也；汤、武，身之也；五霸，假之也。"(13.30) "尧、舜，性者也。汤、武，反之也。"(14.33)

《孟子》中完全没有讨论这件事政治的一面，只是叙述了尧嫁女于舜给舜带来的一个伦理难题。

> 孟子曰："不孝有三，无后为大。舜不告而娶，为无后也，君子以为犹告也。"（7.26）
>
> 万章问曰："《诗》云，'娶妻如之何？必告父母。'信斯言也，宜莫如舜。舜之不告而娶，何也？"孟子曰："告则不得娶。男女居室，人之大伦也。如告，则废人之大伦，以怼父母，是以不告也。"万章曰："舜之不告而娶，则吾既得闻命矣。帝之妻舜而不告，何也？"曰："帝亦知告焉则不得妻也。"（9.2）

孟子心目中的舜对人伦的考虑是全面的，并不仅仅考虑父子一伦，还考虑到将父子之伦延续下去的夫妻之伦。"男女居室，人之大伦也。""不孝有三，无后为大。"舜娶妻的理由是正当而完善的，在正常的家庭也会得到父母的同意和祝福。但舜的家庭太特殊了，"告则不得娶"，在这种情况下，舜采用了"不告而娶"的策略。

朱子等解释者都认为这里体现了儒家之"经权"，"告者礼也，不告者权也"。[7] 其实不尽然。

---

〔7〕 朱熹，《四书章句集注》，中华书局，2012，页292。

四 舜"窃负而逃"解

孟子在叙述匡章悲剧性的父子关系[8]的时候,提出了区分父子之伦和朋友之伦的一个重要方面:

> 公都子曰:"匡章,通国皆称不孝焉。夫子与之游,又从而礼貌之,敢问何也?"孟子曰:"世俗所谓不孝者五:惰其四支,不顾父母之养,一不孝也;博弈好饮酒,不顾父母之养,二不孝也;好货财,私妻子,不顾父母之养,三不孝也;从耳目之欲,以为父母戮,四不孝也;好勇斗狠,以危父母,五不孝也。章子有一于是乎?夫章子,子父责善而不相遇也。责善,朋友之道也。父子责善,贼恩之大者。夫章子,岂不欲有夫妻子母之属哉?为得罪于父,不得近,出妻屏子,终身不养焉。其设心以为不若是,是则罪之大者,是则章子已矣。"(8.30)

举国以为匡章得罪于父,不得近,也不得养,故不孝。独孟子认为,匡章是因为子责父善——很可能是责父当出母却杀母——而得罪于父,不属于五种不孝中任何一种。子责父善,哪怕是以亲亲为理由,也会破坏亲亲本身。即使碰到父杀母,人子也只能痛苦接受,而不能责善于父。匡章出妻,是责善于己——由此可反证匡章母当初当出不当死;匡

---

[8] 事见《战国策·齐策一·秦假道韩魏以攻齐》,(齐威王)曰:"章子之母启得罪其父,其父杀之,而埋马栈之下。吾使章子将也,勉之曰:'夫子之强,全兵而还,必更葬将军之母。'对曰:'臣非不能更葬先妾也,臣之母启得罪之父,臣之父未教而死。夫不得父之教而更葬母,是欺死父也。故不敢。'夫为人子而不欺死父,岂为人臣欺生君哉?"

章屏子,则是向国人表明,匡章子之不养父,责不在子,也是责善于己。

舜在拥有娶妻的正当理由的情况下,明知父亲不会允许,却仍然去报告父亲,就是父子责善。舜回避了父子责善,而选择了不告而娶,才是择善于己。那么,尧为什么不以天子的身份帮舜解决这个难题,也选择了"不告而妻"呢?

按照《尚书》的说法,尧把两个女儿嫁给舜,是"观厥刑于二女",通过看舜如何处理两个妻子的关系,试验舜有无做接班人的才能。[9]但孟子的理解显然不是这样。孟子并没有只言片语论及舜在处理夫妇一伦上的表现,而仍然将这个难题放到舜的大忧——不顺于父母之中去。

舜也并没有将娶天子的两个闺女这件事作为讨好父母的一个机会。舜通过自己承担"不告而娶"的罪名,而换来了最大限度地维护君臣、父子、夫妇这几方面伦理秩序的结果。这和匡章一样,是责善于己。在尧这一边,孟子也并不把尧嫁女作为是尧对舜的测试,而看作君对君子的"养"。

> 帝使其子九男二女,百官牛羊仓廪备,以事舜于畎亩之中。天下之士多就之者,帝将胥天下而迁之焉。(9.1)

> 尧之于舜也,使其子九男事之,二女女焉,百官牛羊仓廪备,以养舜于畎亩之中,后举而加诸上位。(10.6)

---

[9] 张祥龙,《舜孝的艰难与时间性》,《文史哲》2014(02),页38—44。

四 舜"窃负而逃"解

看看象在父母两次谋杀舜不成之后说的那句话:"谟盖都君咸我绩,牛羊,父母;仓廪,父母。干戈,朕;琴,朕;弤,朕;二嫂,使治朕栖。"(9.2)马上就会发现,引发象之谋杀动机的牛羊、仓廪、二嫂,都来自尧的赏赐。干戈、琴、弤弓之类,恐怕也不是匹夫舜所能有,可能也是尧的赏赐。

我们不能说尧故意给舜赏赐财富、地位、女人,引发象的嫉妒和瞽瞍夫妇的愤怒,以测试舜的德性。这样一个老谋深算的尧的形象和孟子在其他地方对尧的描述是不吻合的。

> 尧以不得舜为己忧,舜以不得禹、皋陶为己忧。(5.4)
>
> 知者无不知也,当务之为急;仁者无不爱也,急亲贤之为务。尧、舜之知而不遍物,急先务也;尧、舜之仁不遍爱人,急亲贤也。(13.46)

孟子所描述的尧舜关系除了君臣、翁婿的一面,还有"友"的一面:

> 万章问曰:"敢问友。"孟子曰:"不挟长,不挟贵,不挟兄弟而友。友也者,友其德也,不可以有挟也。……舜尚见帝,帝馆甥于贰室,亦飨舜,迭为宾主,是天子而友匹夫也。用下敬上,谓之贵贵;用上敬下,谓之尊贤。贵贵尊贤,其义一也。"(10.3)

既然孟子并不认为尧把两个女儿嫁给舜是一种老谋深算的测试行为，那么，尧"不告而妻"和舜"不告而娶"的原因也是一样的。如果尧明知舜父顽母嚚，不可能同意这门亲事，还一定要告诉亲家，尧这么做和舜这么做，后果是一样的，既"废人之大伦"，又责善于瞽瞍夫妇。朋友之间可以责善，但也不包括责善于朋友父母。孟子作为匡章的朋友，对匡章不光不责善，还为他开脱。尧作为舜之友，也不可能越俎代庖，代舜责善于瞽瞍。舜对尧也一样，不代尧责善于尧之子。虽然"昔者，尧荐舜于天而天受之，暴之于民而民受之"（9.5），但，

> 尧崩，三年之丧毕，舜避尧之子于南河之南，天下诸侯朝觐者，不之尧之子而之舜；讼狱者，不之尧之子而之舜；讴歌者，不讴歌尧之子而讴歌舜，故曰天也。夫然后之中国，践天子位焉。而居尧之宫，逼尧之子，是篡也，非天与也。（9.6）

后来，舜、禹之间也有这么一出。原因是"丹朱之不肖，舜之子亦不肖"（9.6）。可见舜亦不责善于子。否则，舜这么一个大好人，培养不出一个好儿子，谁信？

五　忸怩

理解了舜之忧在人伦，舜"不告而娶"的原因在于"父子不责善"，那舜对父母兄弟谋杀自己的行为，也采取"亦

四 舜"窃负而逃"解

忧亦喜"的态度,就可以理解了。

> 万章曰:"父母使舜完廪,捐阶,瞽瞍焚廪。使浚井,出,从而揜之。象曰:'谟盖都君咸我绩,牛羊,父母;仓廪,父母。干戈,朕;琴,朕;弤,朕;二嫂,使治朕栖。'象往入舜宫,舜在床琴。象曰:'郁陶思君尔。'忸怩。"(9.2)

> 孟子曰:"人之所以异于禽兽者几希,庶民去之,君子存之。舜明于庶物,察于人伦,由仁义行,非行仁义也。"(8.19)

象在说"郁陶思君尔"时的"忸怩",就是"人之所以异于禽兽者几希"的"几希"之处。舜并非不知父母和兄弟屡次要谋杀自己;"舜明于庶物",岂能不知?但同时舜"察于人伦",从象的一瞬间的忸怩中窥见了象的"爱兄之道",在这电光石火之间,那种异于禽兽的"几希"之处艰难地保留下来——庶民去之,君子存之;由仁义行,非行仁义也。

同理也可以推知,舜从父母兄弟谋杀自己的方式中也窥见了这种"忸怩"。

> 父母使舜完廪,捐阶,瞽瞍焚廪。使浚井,出,从而揜之。(9.2)

或者看《史记》更完整的叙述:

瞽叟尚复欲杀之，使舜上涂廪，瞽叟从下纵火焚廪。舜乃以两笠自扞而下，去，得不死。后瞽叟又使舜穿井，舜穿井为匿空旁出。舜既入深，瞽叟与象共下土实井，舜从匿空出，去。[10]

无论是使舜完廪，然后纵火焚廪，还是使舜穿井，然后下土实井，两种谋杀方式的共同之处都是避免与被害的亲人**面对面**。"舜明于庶物"，岂能不知？但舜同时"察于人伦"，又于这怛怏的谋杀方式中窥见了那几希的人伦。舜躲避谋杀的方式也是避免与亲人的**面对面**。他听从父命爬上了屋顶，但同时备好了斗笠；他听从父命下到了井下，但又马不停蹄匿空旁出。他把握时机，恰到好处地把谋杀截留在未遂状态。然后，我宁愿相信孟子的叙述：

舜在床琴。[11]

他在庆幸什么？是庆幸自己小命得保？显然不是；毋宁说，他在庆幸父子兄弟间那几希的人伦并没有毁于一旦。这时，他看见了象的怛怏，他说：

"惟兹臣庶，汝其于予治。"

---

[10]《史记·五帝本纪》。
[11]《史记·五帝本纪》的说法是："象乃止舜宫居，鼓其琴。"

他当然知道这小弟想要什么。"干戈,朕;琴,朕;弤,朕;二嫂,使治朕栖。"除了二嫂之外,其余都可以给他。但并不是直接给他,而是先让象代替他管理那些臣下和百姓。这实际就是"封之有庳"的前奏:

> 万章问曰:"象日以杀舜为事。立为天子则放之,何也?"孟子曰:"封之也,或曰放焉。"万章曰:"舜流共工于幽州,放驩兜于崇山,杀三苗于三危,殛鲧于羽山,四罪而天下咸服,诛不仁也。象至不仁,封之有庳。有庳之人奚罪焉?仁人固如是乎?在他人则诛之,在弟则封之?"曰:"仁人之于弟也,不藏怒焉,不宿怨焉,亲爱之而已矣。亲之,欲其贵也;爱之,欲其富也。封之有庳,富贵之也。身为天子,弟为匹夫,可谓亲爱之乎?""敢问或曰放者,何谓也?"曰:"象不得有为于其国,天子使吏治其国而纳其贡税焉,故谓之放。岂得暴彼民哉?虽然,欲常常而见之,故源源而来,'不及贡,以政接于有庳'。此之谓也。"(9.3)

"象忧亦忧,象喜亦喜。"不藏怒,不宿怨,亲之,爱之,欲常常见之。这就是舜对象的态度。这一态度,在舜为天子前后并没有什么分别。只不过,舜为天子之后,这一兄弟之伦需要在君臣之伦的名目下实现,这就需要运用"放"与"封"的政治手腕,对象、有庳之人、吏三者之间的关系进行复杂的调配。于兄弟之伦是"封",于君臣之伦是"放"。只考虑兄弟之伦,让这样一个不仁之人统治有庳之人，对有庳之人是不公正的——有庳之人奚罪焉？只考虑君臣之伦，对兄弟又是不公正的——身为天子，弟为匹夫，可谓亲爱之乎？所以舜使吏治其国而纳其贡税焉，象不得有为于其国，不得暴彼民。象不治国，不征贡赋，只解贡赋，还创造了一个兄弟于公干之中相见的机会，这是纳兄弟之伦于君臣之伦；不及贡，以政接于有庳的叮嘱，又纳君臣之伦于兄弟之伦。舜真是"不以公义废私恩，亦不以私恩害公义"，[12] "仁至义尽"的典范。

六 窃负而逃

放、封之间的政治手腕，只能处理舜为天子之后的兄弟之伦。舜可以放、封象，却不能放、封瞽瞍。舜为天子，象为臣，舜为兄，象为弟，放与封都是单向的，纳兄弟之伦于君臣之伦是可能的。但舜为天子之后，瞽瞍依然是舜的父亲，如何纳父子之伦于君臣之伦？此时舜见瞽瞍，是子见父，也是君见臣，舜如何自处？《尚书》和其他古代文献如《唐虞之道》对这一相见场面的描写是：

> 祗载见瞽叟，夔夔斋栗，瞽亦允若。（《尚书·大禹谟》）

《孟子》详细解说了舜见瞽瞍这一场景：

---

[12]朱熹，《四书章句集注》，页311，吴氏语。

四 舜"窃负而逃"解

咸丘蒙问曰:"语云:盛德之士,君不得而臣,父不得而子。舜南面而立,尧帅诸侯北面而朝之,瞽瞍亦北面而朝之。舜见瞽瞍,其容有蹙。孔子曰:'于斯时也,天下殆哉,岌岌乎!'不识此语诚然乎哉?"孟子曰:"否!此非君子之言,齐东野人之语也。尧老而舜摄也。《尧典》曰:'二十有八载,放勋乃徂落,百姓如丧考妣。三年,四海遏密八音。'孔子曰:'天无二日,民无二王。'舜既为天子矣,又帅天下诸侯以为尧三年丧,是二天子矣。"咸丘蒙曰:"舜之不臣尧,则吾既得闻命矣。《诗》云,'普天之下,莫非王土。率土之滨,莫非王臣。'而舜既为天子矣,敢问瞽瞍之非臣,如何?"曰:"是诗也,非是之谓也。劳于王事而不得养父母也。曰:'此莫非王事,我独贤劳也。'故说诗者不以文害辞,不以辞害志。以意逆志,是为得之,如以辞而已矣,《云汉》之诗曰:'周余黎民,靡有孑遗。'信斯言也,是周无遗民也。孝子之至,莫大乎尊亲。尊亲之至,莫大乎以天下养。为天子父,尊之至也。以天下养,养之至也。《诗》曰:'永言孝思,孝思惟则。'此之谓也。《书》曰:'祗载见瞽瞍,夔夔斋栗,瞽瞍亦允若。'是为父不得而子也。"(9.4)

咸丘蒙问的这一场景是舜南面而立,尧帅诸侯北面而朝之,瞽瞍亦北面而朝之。不仅涉及瞽瞍和舜之间的关系,还涉及尧、舜之间的关系,孟子把这一场景分解为两个层面。一是尧老而舜摄二十八年间,此时舜并未即天子位,舜为臣，瞽瞍也为臣，舜之不臣尧，同时也是**舜之不臣瞽瞍**。

孟子的意思是，只要不出现"天无二日，民无二王"那样的政治局面，就用不着替天下操心。孟子真正关心的是尧三年丧毕，舜即天子位，此时瞽瞍不以舜为子这个局面。

这个局面在舜这里，是"孝子之至，莫大乎尊亲。尊亲之至，莫大乎以天下养。为天子父，尊之至也。以天下养，养之至也"。即舜仍未臣瞽瞍，仍以子道尊养瞽瞍，然而在瞽瞍这里，却是找到了借舜为天子摆脱与舜之间的父子关系的一个机会。

>舜尽事亲之道而瞽瞍厎豫，瞽瞍厎豫而天下化，瞽瞍厎豫而天下之为父子者定，此之谓大孝。(7.28)

两人都明白，"瞽瞍厎豫而天下之为父子者定"只是舜的天子事业的一部分，但天下之为父子者定，并不代表瞽瞍与舜之为父子者定。毋宁说，瞽瞍越是帮助舜实现感化天下的天子事业，就越能摆脱与舜之间的父子关系；这是履行父职，而非显示父爱；父职履行得越好，让舜离天之子越近，就是父爱越少，让舜离瞽瞍之子越远。

这才是"祗载见瞽叟，夔夔斋栗，瞽亦允若"——舜恐惧、瞽瞍释然的原因。瞽瞍释然是舜为天子，终于可以父不得而子；舜的恐惧则是做了天子之后，反而子不得而父。当然，他在爸爸忸怩的厎豫中又一次看到了那几希的人伦，就像当年听到象说"郁陶思君尔"时一样，但悲哀的是，这么多年过去了，这爱仍然那么稀薄。

四 舜"窃负而逃"解

"天下之士悦之,人之所欲也,而不足以解忧",说的就是舜,天下之父子乐见天子尊养其父,这可以解天下人之忧,却不足以解舜之忧:"天下大悦而将归己,视天下悦而归己犹草芥也,惟舜为然。不得乎亲,不可以为人。不顺乎亲,不可以为子。"(7.28)

由此我们才能理解孟子对"舜为天子,皋陶为士,瞽瞍杀人"这个假设案例的回答:

> 桃应问曰:"舜为天子,皋陶为士,瞽瞍杀人,则如之何?"孟子曰:"执之而已矣。""然则舜不禁与?"曰:"夫舜恶得而禁之?夫有所受之也。""然则舜如之何?"曰:"舜视弃天下犹弃敝蹝也。窃负而逃,遵海滨而处,终身䜣然,乐而忘天下。"(13.35)

桃应这个假设案例的真正厉害之处在于他所假设的瞽瞍杀人的动机。如果瞽瞍一生的事业就是要否认和解除他与舜之间的父子关系,那么早年两次谋杀舜是为了达到这个目的,晚年通过故意杀人,让身为天子的儿子通过皋陶之手把自己杀掉也能达到同样的目的。

但舜本来并不属于这个天下:

> 舜生于诸冯,迁于负夏,卒于鸣条,东夷之人也。(8.1)

> 舜之居深山之中,与木石居,与鹿豕游,其所以异于深山之野人者几希。(13.16)

如何得到父亲的爱？作为天子发布最后一道命令，作为儿子破坏这道命令，把天下当作旧鞋子一样扔掉，光脚逃到最远的老家——那个趴在疾驰的儿子背上、一生顽劣的瞽瞍，这时候回到了一个无助的婴儿的状态。

只有通过这个假设的案例我们才知道，舜终其一生其实都没有得到父亲的爱。孟子体贴，为舜假想了这么一个案例。人都以为舜孝，独舜不以为然，因为舜的一生，就是一个在田间地头哇哇大哭的小孩。

四 舜"窃负而逃"解

附｜海滨——故事新编

"不要。"

眼睛看不见，鼻子就变得很灵。

"烤焦了一点。"舜说，"淘了一个涨潮的水坑，逮着一条鱼、几只螃蟹；鱼刺都剔干净了。"

瞽瞍越发不耐烦。"都剔干净了，老子必须得吃么？"

对面的舜好像呆了呆，"记得爹在老家的时候，是不吃其他海物的；不过螃蟹应该没有焦"。

"这个呆子。"瞽瞍心里说。挥挥手让他出去了。

这一餐，舜吃的烤鱼，瞽瞍吃的烤螃蟹。瞽瞍果然吃不得螃蟹，晚上就拉肚子了。一直拉，一直拉，折腾一宿，父子俩都没怎么合眼。

"这个岛太小了，"舜说，"治泻的草药恐怕没有，我得泅回岸上一趟。"

又说："爹果然吃不得螃蟹。"

瞽瞍不言语。半晌才说："我也回去。"

舜顿了顿，说："皋陶的脚程没有我快。不过也未可知。象弟不会帮他，但有庳的百官会听他的。"

又说："皋陶最讲法治了，是不会放过您的。"

瞽瞍冷冷道："杀人偿命，没什么可说的。"又恶作剧似的问："他要杀我，你怎么办？"

"我,我……禅让的事,麻烦得很,流程还没有走完;儿上了岸,就还是天子,给皋陶的命令本来就是儿子下的,自然不能阻拦。"

又说:"爹还是不要上岸。"

舜还是没有拗过瞽瞍。乘落潮的时候,舜负着瞽瞍泅水上了岸,把他藏在一处山洞里,采了药,怕人瞧见烟,没有煎,用衣服包好,还是泅水回到岛上。瞽瞍拉肚子没有力气,一言不发,凭他折腾。

日子就这么一天天过去,皋陶总也不来。舜有时也泅水回去,有次还逮着一头鹿。父子俩喝了鹿血,吃了鹿肉,舜用鹿皮给父亲做了一条被,围住腿脚。瞽瞍这时已彻底瘫了,腿脚四季摸上去都是冰凉的。

又过了不知多少寒暑。这一天,刮的是西风,瞽瞍隐约听到了鞭炮声。他命舜上山顶去看。舜虽是重瞳,看得远,一时也不明就里。不得已又泅回岸上,戴上鹿头帽,披上鹿皮,扮作一头鹿,冒险打探。

"是大禹接了位,不是商均[13]那个小混蛋。"舜回来的时候,瞽瞍不在洞里,四处找,不知他什么时候爬去一块高高的临海的礁石上。他告诉爹,"我不是天子了"。

"听说,咱们走了以后,禹也照老例要把天下让给商均,避去阳城。可是百姓还是跟去了阳城。商均不得民心,百姓

---

[13] 商均是舜的儿子。

的眼睛还是雪亮的。"舜顿了下,又说,"阿牛的爹妈,我要替他养老送终,爹不要生气"。

"哪个阿牛?"

"就是爹失手杀死的那个。"

瞽瞍这才想起来。"什么失手。老子就是要杀人,他碰到老子的刀刃上,是他倒霉。"

"新天子已经大赦天下了,咱们先上岸自首。我才知道,皋陶这几年一直等在对岸,岸上的百姓也知道咱们躲在这岛上,所以总也不上来。"

舜继续说,"咱们听大禹天子的发落。若得了赦,就去有庳象弟那儿住;商均那小子也应该有新封地,您要高兴,咱们住他那儿"。

"商均那小子不像你。"话赶话似的,瞽瞍说,"你也从小不像我。"

对面的舜好像又呆了呆。瞽瞍从来没见过这个孩子的脸。从一落草,听接生婆说生了个重瞳子那时起,他就讨厌他。在任何方面,他和我都是反着的。他一件事一件事地想,没有注意到舜是什么时候走的。

风停了,太阳很好,舜去砍树扎木排了。石斧叮当叮当的声音从远处传来,岛上好久没有这么热闹过了。瞽瞍听着,听着,好像从中听出了什么,两滴泪从他干涸已久的眼窝里渗出来。

鲁迅《孤独者》

五

魏连殳的自戕

1918年9月15日《新青年》第五卷第三号上发表的《随感录二十五》中，鲁迅写道：

> 最看不起女人的奥国人华宁该尔（Otto Weininger）曾把女人分成两大类：一是"母妇"，一是"娼妇"。照这分法，男人便也可以分作"父男"和"嫖男"两类了。但这父男一类，却又可以分成两种：其一是孩子之父，其一是"人"之父。第一种只会生，不会教，还带点嫖男的气息。第二种是生了孩子，还要想怎样教育，才能使这生下来的孩子，将来成一个完全的人。[1]

"父男"和"嫖男"，"人"父和"孩"父，这两对概念正可作为新文化运动确立的新的正反面"父亲"形象。但遍览《呐喊》《彷徨》《故事新编》《朝花夕拾》这几本鲁迅主

---

[1]《鲁迅全集》（编年版第1卷，1898—1919），人民文学出版社，2014，页585—586。

要的文学作品,可以看到鲁迅塑造了众多的"母妇"形象,如单四嫂子(《明天》)、祥林嫂(《祝福》)、长妈妈(《阿长与〈山海经〉》)、眉间尺之母(《铸剑》),以及万母之母——女娲(《补天》)。"父男""嫖男"也好,"人"父、"孩"父也罢,"父亲"的形象,却始终是缺席的。[2]

在鲁迅的思想文本中,从《随感录二十五》,到1919年11月1日《新青年》第六卷第六号发表的《我们现在怎样做父亲》,[3]一直到鲁迅逝世前留下的遗嘱,[4]对"父亲"这一角色的思考从未断绝。在文学文本中,这一思考可能隐秘地潜藏在1925年写下的小说《孤独者》中,它的主人公魏连殳,是一个拒绝做父亲的魏氏后人。[5]

一 承重孙

"我和魏连殳相识一场,回想起来倒也别致,竟是以送殓始,以送殓终。"[6]这是《孤独者》的第一句话。

第一次送殓,是魏连殳的祖母病逝;第二次送殓,是魏连殳病逝。

---

[2] 《五猖会》中鲁迅回忆小时候,父亲偏偏要在他着急看五猖会的节骨眼上背书,背不出就不准去,这里的父亲不过是个普通的严父形象,算不到任何鲁迅自己发明的类型里去。
[3] 《鲁迅全集》(编年版第1卷,1898—1919),页736—738。
[4] 《鲁迅全集》(编年版第10卷,1936),人民文学出版社,2014,页117—121。
[5] 选择《孤独者》的另外一个理由是,魏连殳的原型就是鲁迅本人。周作人,《鲁迅小说里的人物》,北京十月文艺出版社,2013,页231—240。小说中的"我"名申飞,这是鲁迅用过的笔名之一,小说中魏连殳和申飞的辩论,可以看作鲁迅设想的自己跟自己的辩论。
[6] 鲁迅,《彷徨》,人民文学出版社,1979。以下引用不再一一注明。

五　魏连殳的自戕

魏连殳的祖母去世，魏连殳的角色是"承重孙"。到魏连殳死，他从堂兄弟的儿子跪在他的灵前，做了他的嗣子，继承了宗祧。

什么是"承重孙"？《仪礼·丧服》："適孙。《传》曰：何以期也？不敢降其適也。有適子者，无適孙，孙妇亦如之。"唐贾公彦疏："此谓嫡子死，其嫡孙承重者，祖为之期。"

有適子者，无適孙，魏连殳的父亲——魏家的適子，在他幼小时就去世了；適子死，適孙承其重，魏连殳就是魏家的承重孙；而魏连殳死时，承重的是他的从堂侄："一个十多岁的孩子伏在草荐上，也是白衣服，头发剪得很光的头上还络着一大绺苎麻丝。"这个过继给魏连殳、给他披麻戴孝的孩子是魏家的下一个承重者。《仪礼·丧服》："为人后者。《传》曰：何以三年也？受重者，必以尊服服之。何如而可为之后？同宗则可为之后。"

祖母去世时，魏氏宗族的族长、近房，他祖母的母家的亲丁、闲人，议定了穿白、跪拜、请和尚道士做法事三条，要这个"吃洋教的""新党"遵行。——没想到魏连殳全部答应。

装殓也是魏连殳："那穿衣也穿得真好，井井有条，仿佛是一个大殓的专家，使旁观者不觉叹服。寒石山老例，当这些时候，无论如何，母家的亲丁是总要挑剔的；他却只是默默地，遇见怎么挑剔便怎么改，神色也不动。"

只是到了处置房屋的时候，魏连殳才和亲戚本家发生了矛盾："连殳要将所有的器具大半烧给他祖母，余下的便分赠生时侍奉，死时送终的女工，并且连房屋也要无期地借给她居住了。"

然而魏连殳才是承重孙。按照中国传统的继承法，宗祧继承是财产继承的前提，[7]"亲戚本家都说到舌敝唇焦，也终于阻当不住"。

二 从堂兄

《孤独者》写魏连殳与周围的格格不入，有两条线索，一是他和"S城的人们"的矛盾，一是他和寒石山他的亲戚本家的矛盾。

后一矛盾的核心便是那房子。一天，他的从堂兄带着小儿子上城来，要把那孩子过继给魏连殳。

魏连殳看得清楚，"他们其实是要过继给我那一间寒石山的破屋子。我此外一无所有，你是知道的；钱一到手就化完。只有这一间破屋子。他们父子的一生的事业是在逐出那一个借住着的老女工"。

宗祧继承是财产继承的前提，魏连殳懂得，从堂兄也懂得。这不是第一次。当年魏连殳的父亲去世，本家们要他在笔据上画花押，已经打过一次那房子的主意了。

那时，那个叫魏连殳的孩子大哭着的时候，他还不懂得这继承法；现在，他懂得了。当他在祖母的葬礼上"像一匹受伤的狼"兀自号啕的时候，寒石山的人们，想起当年那个

---

[7] 滋贺秀三，《中国家族法原理》，页95–100。

无助的孩子了吗?

面对这个继承法,小说中的"我"——申飞聪明地总结道:"总而言之:关键就全在你没有孩子。你究竟为什么老不结婚的呢?"

是的,不结婚就没有孩子,魏连殳没有孩子,按照寒石山的宗法,从堂兄便可以正大光明地把儿子过继给他,光明正大地继承那房子。

"他诧异地看着我,过了一会,眼光便移到他自己的膝髁上去了,于是就吸烟,没有回答。"

这有什么好诧异的?

三 孩子

魏连殳没有孩子,也不打算结婚,但并不是不爱孩子;魏连殳在S城租住的那一家房东的孩子,"总是互相争吵,打翻碗碟,硬讨点心,乱得人头昏。但连殳一见他们,却再不像平时那样的冷冷的了,看得比自己的性命还宝贵。听说有一回,三良发了红斑痧,竟急得他脸上的黑气愈见其黑了;不料那病是轻的,于是后来便被孩子们的祖母传作笑柄"。

魏连殳爱房东的孩子大良、二良、三良,一是这几个孩子的母亲去世了,只有一个祖母,这一点正和他相似;另一个,是他认为,"孩子总是好的。他们全是天真"。孩子的坏都是环境使然。

小说中的申飞第一次与魏连殳辩论,辩题就是"根苗论"与"环境论"。魏连殳持"环境论",申飞持"根苗论":"如果孩子中没有坏根苗,大起来怎么会有坏花果?"

谈话不欢而散,甚至让魏连殳记了申飞三个月的仇;只是后来"他自己竟也被'天真'的孩子所仇视了,于是觉得我对于孩子的冒渎的话倒也情有可原"。

大街上一个还不会走路的孩子,拿着一片芦叶指着魏连殳说"杀",这只不过是一个"坏根苗"的象征;从坏根苗长成坏花果,一个现成的例子就是魏连殳从堂兄的小儿子。魏连殳对这一对父子的评价是:"一大一小","都不像人","儿子正如老子一般"。

后来,魏连殳被攻讦围困,失业乃至穷愁潦倒,大良二良们和他们的祖母一样势利,连他的花生米也不吃了。坏根苗大面积地长成了坏花果。

魏连殳后来的复仇的对象,也包括这些孩子们。魏连殳死后,大良二良们的祖母向申飞报告:"他先前怕孩子们比孩子们见老子还怕,总是低声下气的。近来可也两样了,能说能闹,我们的大良们也很喜欢和他玩,一有空,便都到他的屋里去。他也用种种方法逗着玩;要他买东西,他就要孩子装一声狗叫,或者磕一个响头。哈哈,真是过得热闹。前两月二良要他买鞋,还磕了三个响头哩,……"

这并不是逗着玩,而是复仇;魏连殳原来看大良二良比自己的性命还宝贝,现在他们在他眼里也变得像狗一样,"不像人"。寒石山的房子,也像鞋子一样,以这种复仇的心态,丢给了他的从堂兄,代价是一个响头。在魏连殳的灵前,"一个十多岁的孩子伏在草荐上,也是白衣服,头发剪得很光的头上还络着一大绺苎麻丝"。

魏连殳所承的"重",终于被寒石山的人承去了。想必那孤苦的老女工,也将很快被逐走了吧。

四 祖母

从堂兄父子,是坏根苗长成的坏花果;大良二良和他们的祖母,也是坏根苗长成的坏花果。但魏连殳不愿做寒石山这坏根苗上的坏花果。

魏连殳为之恸哭的祖母,并不是他血缘上的祖母。他血缘上的祖母,在他父亲三岁的时候就去世了;魏连殳的母亲,也是同样年纪轻轻就去世了;魏连殳的父亲随后不久也去世了。抚育他长大的,是他父亲的继母,那个"终日坐在窗下慢慢地做针线"的继祖母,她"管理我,也爱护我,虽然少见笑容,却也不加呵斥",在魏连殳的父亲过世、家道衰落以后,继祖母靠着一针一针做针线,把魏连殳送进了寒石山以外的学堂。

这和魏连殳,和魏连殳的父亲没有血缘,自己也没有亲生儿女的继祖母,受过族人和旁人多少欺凌啊!在魏连殳小的时候,就连抱他的女工,在正月里也总要指着他亲祖母的遗像,让他拜,让他记住那才是他真正的祖母。

继祖母和别人家的祖母有些不同。魏连殳回忆说,"无论我怎样高兴地在她面前玩笑,叫她,也不能引她欢笑,常使我觉得冷冷地……"

《孤独者》中写了两个"孤独者",一个是魏连殳,另一个就是魏连殳这个一辈子都在做针线的继祖母。——一辈子都在做针线的继祖母，多么像一条一辈子织茧的蚕！

作茧自缚，是申飞对于魏连殳的意见；申飞说魏连殳自甘孤独，是"亲手造了独头茧，将自己裹在里面了"。——申飞不知，这也曾是魏连殳对做针线的继祖母的意见。

但是，现在轮到魏连殳反问了，"独头茧"——"那丝是怎么来的？"蚕的丝是自己吐的，包裹人的丝呢？也是人自己吐的吗？

就连魏连殳自己，对这个继祖母，知道她并非亲生后，也因为她的冷，逐渐和她疏远起来了。连接他们的，却是魏连殳痛恨的寒石山的宗法。《仪礼·丧服》："继母如母。《传》曰：继母何以如母？继母之配父，与因母同，故孝子不敢殊也。"同理，继祖母也如亲祖母。继祖母因为这宗法的规定，一针一线将魏连殳抚育成人；魏连殳因为这宗法的规定，"一领薪水却一定立即寄给他的祖母，一日也不拖延"。魏连殳当时之所以答应穿白、跪拜、请和尚道士做法事这三条，也是因为这"孝子不敢殊"的宗法。

宗法将这两个本无血缘关系的人，结成了祖孙。

为祖母送终的是生前侍奉她的女工，魏连殳当时还在水旱一百七十里路外。冷冷度过一生的祖母，在咽气前说了一句魏连殳从没有亲耳听到过的暖话："为什么不肯给我会一会连殳的呢？"

两天后魏连殳才赶回来。他在祖母的葬礼上大哭，长嚎，"像一匹受伤的狼"。并执意"将所有的器具大半烧给他祖母，余下的便分赠生时侍奉，死时送终的女工，并且连房屋也要无期地借给她居住了"。

宗法连接着相依为命的祖孙俩,也阻碍着他们生前的亲近。在寒石山的宗法下度过的祖母的一生,是"亲手造成孤独,又放在嘴里去咀嚼的人的一生"。魏连殳在祖母的灵前第一次意识到:"我虽然没有分得她的血液,却也许会继承她的运命。"

五 "爱"与"恩"

魏连殳在寒石山外的学堂里学的是动物学,毕业却到中学去教历史;魏连殳是否会用动物学讲人的历史?我们不知。

但鲁迅本人的确用动物学讲过人的历史,1907年他在日本留学期间,就写过"人之历史",[8]1919年在《新青年》上发表的《我们现在怎样做父亲》一文,也是用生物学讲"如何做父亲":"我现在心以为然的道理,极其简单。便是依据生物界的现象,一,要保存生命;二,要延续这生命;三,要发展这生命(就是进化)。生物都这样做,父亲也就是这样做。"[9]

人怎么向生物学习做父亲?简单说,就是仅仅扮演进化过程中的一环。父母给子女以生命,对这生命,"他也不永久占领,将来还要交付子女,像他们的父母一般。只是前前

---

[8]《鲁迅全集》(编年版第1卷,1898—1919),页69—78。二十年后,1926年,鲁迅还将这篇旧文收入了文集《坟》。
[9] 同上,页737—738。

后后，都做一个过付的经手人罢了"。[10]

如果我们套用费孝通的概念，鲁迅所说的，就是把父母子女关系，从中国传统的"反馈模式"改为西方的"接力模式"。[11] 不过，鲁迅并不关注，也不反对物质赡养上的反馈，正如魏连殳"常说家庭应该破坏，一领薪水却一定立即寄给他的祖母，一日也不拖延"。

鲁迅反对的是中国反馈模式中的"长者本位"："本位应在幼者，却反在长者；置重应在将来，却反在过去。前者做了更前者的牺牲，自己无力生存，却苛责后者又来专做他的牺牲，毁灭了一切发展本身的能力。""长者本位与利己思想，权利思想很重，义务思想和责任心却很轻。以为父子关系，只须'父兮生我'一件事，幼者的全部，便应为长者所有。尤其堕落的，是因此责望报偿，以为幼者的全部，理该做长者的牺牲。"[12]

鲁迅认为，长者本位的背后是中国旧观念里的"父子

---

[10]《鲁迅全集》（编年版第1卷，1898—1919），页738—739。
[11] 费孝通，《家庭结构变动中的老年赡养问题：再论中国家庭结构的变动》，《北京大学学报》（哲学社会科学版）1983（3），页7—16。费孝通在这篇文章中主要是在抚育、赡养的意义上区分这两种模式。接力模式只有亲代对子代的抚育，而反馈模式除了亲代对子代的抚育外，还包括子代对亲代的赡养。不过鲁迅的关注点不是物质上的赡养和抚育。另外，中西这两种家庭模式的区别，潘光旦1928年在《中国之家庭问题》中实际上已经提出来了，只不过没有用"接力"和"反馈"这样的术语。《潘光旦文集》（第一卷），北京大学出版社，1995，页133—134。
[12]《鲁迅全集》（编年版第1卷，1898—1919），页739。后来以倡导"优生学"闻名的潘光旦也表达过类似的意思："昔者国人之权利观念不深，一般之人我交际为然，于家庭中为尤甚；此根本与西方家庭制度异者也。即责任或义务一端亦然。父母对于子女应为之事，每称之曰愿；为儿女婚嫁，曰'了向平之愿'；盖显然以儿女之事为一己之事，为一己欲望之一部分，而不能不求满足者。子女之奉养父母，与父母之受其奉养，亦未尝作责任或权利观。"《潘光旦文集》（第一卷），页135。

有恩"。要破除长者本位,就要大声地说出"父子间没有什么恩",而仿照生物界[13]和欧美家庭,树立长者对幼者的"爱":动物挚爱幼子,"不但绝无利益心情,甚或至于牺牲了自己,让他的将来的生命,去上那发展的长途"。

在鲁迅看来,中国人并不缺这种父母对子女的无利害的"爱",只是被旧观念里的"恩"的思想污染了:

> 便在中国,只要心思纯白,未曾经过"圣人之徒"作践的人,也都自然而然的能发现这一种天性。例如一个村妇哺乳婴儿的时候,决不想到自己正在施恩;一个农夫娶妻的时候,也决不以为将要放债。只是有了子女,即天然相爱,愿他生存;更进一步的,便还要愿他比自己更好,就是进化。这离绝了交换关系利害关系的爱,便是人伦的索子,便是所谓"纲"。倘如旧说,抹煞了"爱",一味说"恩",又因此责望报偿,那便不但败坏了父子间的道德,而且也大反于做父母的实际的真情,播下乖剌的种子。[14]

魏连殳的继祖母,本来可以做一个"心思纯白,未曾经过'圣人之徒'作践的"的村妇,嫁给同样一个"心思纯白,未曾经过'圣人之徒'作践的"农夫,却不幸做了魏连殳爷爷的续弦,魏连殳父亲的继母,和魏连殳的继祖母。这

---

[13] "动物界中生子数目太多除了——爱不周到的如鱼类之外",《鲁迅全集》(编年版第1卷,1898—1919),页740。
[14] 同上。

是一个怎样的家庭呢？家境还好的时候，"正月间一定要悬挂祖像，盛大地供养起来"，魏连殳亲祖母和母亲的遗像，"穿着描金的红衣服，戴着珠冠"，虽是在离城一百七十里的寒石山，也和《祝福》中鲁四老爷家一样，是一个受过"圣人之徒"作践的宗法礼教之家。她虽然抚育大了魏连殳父子两代人，却一直压抑着自己天然的"爱"，而将之纳入"恩"的轨道，直到临终，才说出了那句魏连殳从没有听到过的暖话："为什么不肯给我会一会连殳的呢？"

六 "爱"与"恨"

祖母的爱本来是非血缘的，只是受到了寒石山宗法礼教和"恩"的观念的污染；起初，魏连殳对大良二良们的爱，也是非血缘的，不求回报。大良二良们在一个势利的家庭中生长，"总是互相争吵，打翻碗碟，硬讨点心，乱得人头昏"，魏连殳给他们买口琴，却是一人一个，并且嘱咐："一人一个，都一样的。不要争呵！"

魏连殳在走投无路、做了杜师长的顾问后的一年多时间里形象大变。对大良二良们的祖母，他不再叫"老太太"，而是叫"老家伙"；对大良二良们，像对待狗一样对待他们："要他买东西，他就要孩子装一声狗叫，或者磕一个响头。"魏连殳在生命的最后一年，加倍地、加速地实践了他原来所反对的一切。

不求回报的"爱"，如何变成了赤裸裸的恨？仅仅是因为生活所迫么？

五 魏连殳的自戕

当杜师长的顾问,在小说写作当时的语境中,并不等于卖身投靠或者自甘堕落。写作《孤独者》时,鲁迅本人已经在政府教育部做了十几年的官员了,包括袁世凯时期也是如此。鲁迅在写《孤独者》时,因为支持女师大的学潮,被当时的教育部长章士钊革职,的确动过去同乡陈仪的军队里"当兵"的念头。[15] 魏连殳当杜师长的顾问,在小说里并不是投靠军阀,不过意味着要和办《学理七日报》的"绅士们"往来,以及每月八十元的薪水,而学校小职员的月薪,是每月十五元;魏连殳失业后曾央求申飞帮他找抄写的工作,一月二三十元。在魏连殳写给申飞的信中,是这么说的:

> 人生的变化多么迅速呵!这半年来,我几乎求乞了,实际,也可以算得已经求乞。然而我还有所为,我愿意为此求乞,为此冻馁,为此寂寞,为此辛苦。但灭亡是不愿意的。你看,有一个愿意我活几天的,那力量就这么大。然而现在是没有了,连这一个也没有了。同时,我自己也觉得不配活下去;别人呢?也不配的。同时,我自己又觉得偏要为不愿意我活下去的人们而活下去;好在愿意我好好地活下去的已经没有了,再没有谁

---

[15] "当鲁迅先生写《孤独者》时,陈仪(公洽)带兵驻在苏北,是师长。他是陈公威的兄弟,绍兴人。他们和鲁迅先生、许寿裳等曾经同时在日本留学,是要好的。我曾经间接听知,鲁迅先生在四面碰壁时说,'到公洽里"当兵"去!'自然只是一时激愤的话。"钦文《祝福书》,人民文学出版社新文学史料丛刊编辑组,《新文学史料》(第二辑),人民文学出版社,1979,页216。另请参见汪晖,《论鲁迅小说〈孤独者〉》,《扬州师院学报》(社会科学版)1982(Z1),页218—224。

痛心。使这样的人痛心，我是不愿意的。然而现在是没有了，连这一个也没有了。快活极了，舒服极了；我已经躬行我先前所憎恶，所反对的一切，拒斥我先前所崇仰，所主张的一切了。我已经真的失败，——然而我胜利了。

仅仅失业以至于求乞，并不足以让魏连殳改弦更张，只要这个世界上"有一个愿意我活几天的"，为了不使这个人痛心，魏连殳也会像以往那样活下去。

这世界上愿意魏连殳活几天的，以前包括和魏连殳来往的青年，包括魏连殳爱过的孩子，现在连一个这样的人也没有了。魏连殳落魄之后，青年们不再上门，大良二良们连他的花生米也不吃了。

魏连殳发现，自己对人间的爱并不是不求回报的"恩"。当他发觉这一点时，"我自己也觉得不配活下去"。

原来的魏连殳已经死去。

但这是否意味着，魏连殳愿意就此灭亡呢？

不。

魏连殳觉得自己不配活下去，但别人更不配。为了那些不愿意魏连殳活下去的人，魏连殳要以活下去报复他们！

就"我已经躬行我先前所憎恶，所反对的一切，拒斥我先前所崇仰，所主张的一切了"而言，魏连殳是失败了，他的"爱的计划"失败了。但就魏连殳在不愿意他活下去的人们面前活下去而言，魏连殳又胜利了。

那些不愿意魏连殳活下去的人，包括和魏连殳来往的他"爱"过的青年,包括魏连殳爱过的孩子们,也包括魏连殳自己。现在他要在这些人面前活下去,以报复他们。"爱"的主张经过这样一次转换,变成了"恨",变成了复仇。魏连殳的"爱孩子"变成了"恨一切人",包括孩子,也包括自己。

胜利的魏连殳恨着失败的魏连殳,因为那个失败的魏连殳丧失了"爱"的能力。

七 承重者

1919年《我们现在怎样做父亲》一文,鲁迅在阐述了以"爱"代"恩"的大义之后,非常突兀地提到了易卜生的《群鬼》。欧士华因为父亲遗传的梅毒,央求母亲帮自己吃下吗啡以结束生命。他对母亲说:"我不曾教你生我。并且给我的是一种什么日子?我不要他!你拿回去罢!"

> 这一段描写,实在是我们做父亲的人应该震惊戒惧佩服的;决不能昧了良心,说儿子理应受罪。这种事情,中国也很多,只要在医院做事,便能时时看见先天梅毒性病儿的惨状;而且傲然的送来的,又大抵是他的父母。但可怕的遗传,并不只是梅毒;另外许多精神上体质上的缺点,也可以传之子孙,而且久而久之,连社会都蒙着影响。我们且不高谈人群,单为子女说,便可以说凡是不爱己的人,实在欠缺做父亲的资格。就令硬做了父亲,也不过如古代的草寇称王一般,万万算不了

正统。将来学问发达，社会改造时，他们侥幸留下的苗裔，恐怕总不免要受善种学（Eugenics）者的处置。[16]

鲁迅的意思是，在谈论"我们现在怎样做父亲"之前，应该谈论的其实是"我们有资格做父亲吗？"有着身体上的梅毒和精神上的梅毒的人，是没有资格做父亲的。如果连健全地产生下一代也做不到，什么"尽力的教育""完全的解放"之类就无从谈起了。[17]

> 你究竟为什么老不结婚的呢？
> 他诧异地看着我，过了一会，眼光便移到他自己的膝髁上去了，于是就吸烟，没有回答。

魏连殳就是那些认为自己没有资格做父亲的人之一，他"眼光便移到他自己的膝髁"，并不是他的膝髁有什么毛病，魏连殳怀疑的是自己精神上有什么毛病。魏连殳固然不会做"嫖父"，但也不会只做"孩父"，他心目中的父亲，应该和鲁迅在《随感录二十五》中谈到的那样，是"人父"，既会生，又会教；或者像《我们现在怎样做父亲》一文所主张的那样，有动物似的"爱"的本能——不求回报的"爱"的本能。

但他没有。他以为自己是纯粹地施予，但到头来，大良

---

[16]《鲁迅全集》（编年版第1卷，1898—1919），页741—742。
[17]同上，页743。

二良拒绝他的花生米这么一个举动就可以击倒他。他恨自己不能"爱",如同他恨周围这个世界不能"爱"。实际上,当他恨自己不能爱的时候,他已经接受了小说中申飞的坏根苗理论:"如果孩子中没有坏根苗,大起来怎么会有坏花果?譬如一粒种子,正因为内中本含有枝叶花果的胚,长大时才能够发出这些东西来。"当他发现这一点的时候,他也和《群鬼》中的欧士华一样,发现自己其实早就被遗传了梅毒。他终于确证,他也是那坏根苗之一。

于是,他当上了杜师长的顾问,凭借新获得的财力和地位杀向周围,也包括自己。

魏连殳的最后一年完全是自戕式的。他来往的人,他的生活方式,他对待大良二良及其祖母的态度,跟以前完全倒了个个儿。魏连殳以往不结婚,是因为他认为父母对子女无条件的爱,在中国已经受到了"圣人之徒"的污染,变成了求回报、要反馈的"恩"。他要破坏这种"父子有恩"的家庭观,要用不结婚断绝寒石山的宗法。现在,他把复仇的对象转向了自己,他要绝爱的孤独者之宗,使自己成为世界上最后一个孤独者。

魏连殳最后一次和申飞谈话,说过这么一句话:"人要使死后没有一个人为他哭,是不容易的事呵。"

继祖母这个孤独者,死后还是有人哭的。魏连殳要做得比这更决绝一些。

他以一种狂欢式的生活结束了自己的孤独状态。"三日两头的猜拳行令,说的说,笑的笑,唱的唱,做诗的做诗,打牌的打牌……""水似的化钱""譬如买东西,今天买进,明天又卖出,弄破……"他的从堂兄弟、远房侄子为他操办的葬礼,包括那个跪在灵前,承魏连殳的"重"和房屋的小孩,也是魏连殳设计的这场恨的狂欢的一部分。

小说写他的葬礼,和他的祖母的葬礼,在形式和细节上充满了照应。祖母的葬礼上是魏连殳为祖母穿衣,这次,是"三个亲人"为魏连殳穿衣:

> 不多久,孝帏揭起了,里衣已经换好,接着是加外衣。这很出我意外。一条土黄的军裤穿上了,嵌着很宽的红条,其次穿上去的是军衣,金闪闪的肩章,也不知道是什么品级,那里来的品级。到入棺,是连殳很不妥帖地躺着,脚边放一双黄皮鞋,腰边放一柄纸糊的指挥刀,骨瘦如柴的灰黑的脸旁,是一顶金边的军帽。

魏连殳似乎在葬礼上回到寒石山的宗谱中。但这些敷衍的细节却明明白白地揭露着这里面的虚伪。魏连殳的葬礼上,并没有一个孤独者对另一个孤独者发出的,狼似的嗥叫和长啸。孤独者的谱系在敷衍中终于断绝了。

"我早已豫先一起哭过了。"那才是他自己为自己举办的宗法的葬礼,在那个没有血缘的继祖母的葬礼上。在他死后,在从堂兄弟、远房侄子为他举办的寒石山式的葬礼上,在棺材之中,他听人摆布:"他在不妥帖的衣冠中,安静地躺着,合了眼,闭着嘴,口角间仿佛含着冰冷的微笑,冷笑着这可笑的死尸。"

曾经,《我们现在怎样做父亲》的结尾写道:

总而言之，觉醒的父母，完全应该是义务的，利他的，牺牲的，很不易做；而在中国尤不易做。中国觉醒的人，为想随顺长者解放幼者，便须一面清结旧账，一面开辟新路。就是开首所说的"自己背着因袭的重担，肩住了黑暗的闸门，放他们到宽阔光明的地方去；此后幸福的度日，合理的做人"。这是一件极伟大的要紧的事，也是一件极困苦艰难的事。[18]

在继祖母的葬礼上，魏连殳结清了旧账；在自己的葬礼上，魏连殳却没有开辟新路。没有爱的能力，就不要侈言"爱"，因为这种希冀回报的"爱"，在没有得到回报时，就会变成"恨"。

八　自戕以绝宗

"弑父"是西方文学和文化中一个经久不衰的母题，最远可以追溯到赫西俄德的《神谱》中克洛诺斯阉割其父乌拉诺斯，宙斯捆绑其父克洛诺斯。[19] 晚近也可以从加缪的《异乡人》中曲折地看到。[20] 一百年前，在新文化运动重新确定中国的父子关系、重新界定中国现代"父亲"的概念时，总体上出现了两种思路。一种是父亲的"母亲化"和父爱的

---

[18]《鲁迅全集》(编年版第1卷，1898—1919)，页747。
[19] 赫西俄德，《工作与时日·神谱》，张竹明、蒋平译，商务印书馆，1996，页31，41。
[20] 见本书《莫尔索的成年礼》。

"母爱化",其代表作之一,就是朱自清广为传诵的《背影》一文。另一种则是鲁迅在《我们现在怎样做父亲》和《孤独者》之中提出的一个更为决绝的道路,"弑父"不是将父亲"母亲化"以阉割父亲,而体现为"自戕以绝宗",是将父亲的、传统的、过去的"遗毒"彻底从自我身上清除出去。鲁迅在遗嘱中明确地写道:"孩子长大,倘无才能,可寻点小事情过活,万不可去做空头文学家或美术家。"[21]也可以看作鲁迅作为新文化的旗手和父亲,给未来新新文化的子子孙孙留下的总遗嘱。

---

[21]《鲁迅全集》(编年版第10卷,1936),页121。

六 鲁滨逊的原罪

一 日历

"1632年,我生于约克市的一户体面人家。"[1]这是《鲁滨逊漂流记》正文的第一句话。鲁滨逊的父亲来自外邦不来梅,[2]本姓"克罗伊茨拿"(Kreutznaer),但在英语中被讹为Crusoe("克鲁索"),Crusoe读音既近似于cross(十字架),又近似于cruise(航行),[3]似乎预示着鲁滨逊命运中正好包含这两个方面。

鲁滨逊的父亲从不来梅来到英国赫尔,这是个港口城市,"做生意发了家,后来金盆洗手,搬到了约克市,在那里娶了我母亲",从此定居下来。[4]而1651年9月1日,鲁滨逊逃出家门去航海,是从约克到赫尔,恰好和父亲的路线相反。

---

[1] 笛福,《鲁滨逊漂流记》,周伟驰译,华东师范大学出版社,2018。以下译文均引自这一译本。
[2] 不来梅是汉萨同盟的自由市,如果联想到其时正值三十年战争(1618—1648),鲁滨逊的父亲或许是这场宗教战争的难民。
[3] Robert W. Ayers, "Robinson Crusoe: 'Allusive Allegorick History'," *PMLA* 82(5), 1967, pp. 399–407.
[4] 鲁滨逊的母家姓鲁滨逊。

鲁滨逊父亲在鲁滨逊离家前那番关于"中间阶层"的谈话，发生在鲁滨逊18岁之后的某一天。这时，老克罗伊茨拿已经患了痛风病，困在家里，不能远行，他给鲁滨逊推荐的生活方式是成为一个"中间阶层"——"既不会陷入体力劳动者的不幸与艰辛，劳累和苦难，也不会受累于上层阶级的傲慢与奢侈，野心和妒嫉"。具体计划是让鲁滨逊学习法律。老克罗伊茨拿奋斗了一生才在约克乡间过上了绅士的生活，现在，他要儿子复制现在的自己。"父亲的建议是一种封杀。就好像一个过程已经结束了，而父亲希望使这个'结束'永久化：将他的儿子永远封存在他的形象中。"[5]当年，他对大儿子也是这么说的。可是鲁滨逊的大哥仍然执意去低地国家打仗，成为佛兰德斯英国步兵团的中校，在敦刻尔克附近跟西班牙人战斗时阵亡。鲁滨逊的二哥也是离家出走，下落不明。

鲁滨逊第一次航行，是从赫尔到伦敦，中途在雅茅斯遇到沉船，幸而获救，获救时间是1651年9月19日；第二次去几内亚的航行则非常成功，父母辗转带给他的四十英镑本钱，通过一番倒腾变成了三百英镑，鲁滨逊从此从一位绅士变成了水手和商人；第三次航行则失败成功参半，如果1652年9月1日被土耳其海盗俘为奴隶是失败的话，那么在为摩尔主人做了两年园丁和渔夫后，1654年9月19日从萨累的逃跑则非常成功——因为逃脱之旅又变成生意之旅。他把一

---

[5] Timothy J. Reiss, *The Discourse of Modernism*, Ithaca: Cornell University Press, 2018, p. 299.

六 鲁滨逊的原罪

个一起捕鱼的摩尔同伴扔进了海里,拿枪逼迫另一个同伴男孩苏里成为自己的奴隶,鲁滨逊自己则摇身一变,成了奴隶主。在佛得角海面遇到赴巴西的葡萄牙船长后,逃跑所用的英国小艇他卖了80比索,奴隶苏里,他卖了60比索,逃跑过程中和苏里一起在非洲海岸猎到的狮皮、豹皮,他卖了60达克特,不消说,这些得款都归他这个奴隶主,成为他在巴西经营种植园的第一笔资本。

在巴西,他先靠的是他父亲所说的"体力劳动者的不幸与艰辛,劳累和苦难",前两年种粮食,第三年种烟草,并准备扩大再生产,来年种甘蔗。他委托那位葡萄牙船长从伦敦取回他在第二次航海攒下的100英镑资本。这100英镑买的英国货,在巴西倒手后变成400多英镑,他立即买了一个黑奴,和一个欧洲仆人。加上船长从里斯本带来送给他的那个契约仆人,他现在有三个奴隶,已经可以不用亲自劳动,过上他父亲所推荐的那种"中等阶级,或底层生活的上等层次"的生活。

然而,要过这种生活,在老家做律师就可以,为什么要到五千英里外这片荒原,在陌生人和野蛮人中间呢?巴西四年,他没有与英国老家的父母通音讯,大概也是出于这种难言的处境。在巴西,欧洲人要么是像他的两个欧洲仆人那样做体力劳动者,要么是成为上层阶级,只有那些缺乏资本的人,比如他的邻居威尔士,那个葡萄牙人,才会被迫成为"中等阶级"。

鲁滨逊并不缺乏资本,他在伦敦还有100英镑。促使他踏上第四次航行的,并不是资本,而仍然是他天性中的不安分。他的第二次几内亚航行,是用一些"珠子、玩具、小刀、剪子、斧子、玻璃珠"等廉价小玩意儿,换得五磅零九盎司金砂,但是,从此次航行中他得知,这些玩意儿也可以换黑奴,而黑奴,正是那些急于扩大再生产的种植园主急需的。三个巴西种植园主和鲁滨逊达成的协议是这样的,鲁滨逊不必出资,只负责到几内亚以货易奴,就可以和三个出资人一样获得等量的黑奴。他和三人签订了合同,在他航行期间,他们负责照料他的种植园,并立下遗嘱,让那位葡萄牙船主做他的继承人,一旦他回不来,一半财产归船长,一半运回英格兰。财产,是他和家人的唯一联系了。

所以鲁滨逊的第四次航行其实是一次贩奴之旅。登船之日是 1659 年 9 月 1 日,船只在加勒比遇风暴失事,是 1659 年 9 月 30 日。十一二日之后,他在上岸点树了一个十字架,用刀子在上面刻下"1659 年 9 月 30 日我在此处上岸"。这是鲁滨逊荒岛日历的开始,带着公共日历的痕迹,比如 1659 年这个年份。但是,9 月 30 日这个日期,却是鲁滨逊自己估计的,因为"那时太阳差不多正在我头顶,时间当在秋分"。

鲁滨逊后来的回忆,他建立这个十字架日历的目的,是为了防止自己失去对时间的度量,忘记哪天是安息日。为此,他在十字架上"每天都用刀子刻上一道纹,每第七天就刻一道长一倍的纹,每个月第一天的纹则再长一倍"。换句话说,这个十字架上刻下的是上帝的日历。但查鲁滨逊的日记,他只在 11 月 11 日过过一次安息日,前一个安息日 11 月 4 日,他一整天都在做他的桌子;12 日,桌椅都做好了,从这天起他开始记日记。12 日的日记中他写道:"我不久就忘了做礼拜了。因为我忘记在木桩上刻纹记了,因此记不起哪天是哪天了。"这里他忘记刻的,是那种每七天刻一道的长纹。上帝的日历被废弃,日记成为鲁滨逊的自我日历。在整个第一年的日记中,除了不过安息日,我们发现他也不过圣诞节和其他任何宗教节日,上帝从新日历中消失了。

9月30日。今天是我在此登陆一周年的不幸日子。我把柱子上的刻纹计算了一下,发现我上岸已有365天了。我把这天定为一个庄严的斋戒日,专门用来做宗教仪式,我以最谦卑的态度匍匐在地,向上帝忏悔我的罪恶,接受他对我公正的审判,祈求他借着耶稣基督怜悯我。我整整十二小时都未进食,直到太阳落山,我才吃了一块饼干和一串葡萄干,然后上床睡觉,有始有终地结束了这一天。

这是一年之后的1660年9月30日。这里的"饼干"和"葡萄干"无疑是面包和酒的替代,指向基督的肉和血。鲁滨逊如何在登岛一年之内,从一个连安息日都不过的人,变成了一个虔诚的基督徒?

这源于一场疾病。根据日记,1660年6月19日,鲁滨逊疟疾发作;症状单日重,双日轻。6月21日他向上帝祷告;这是他离家后"第一次向上帝祈祷",上一次还是在1651年第一次航行遇到风暴、生死未卜的时候。6月27日病情越来越重,鲁滨逊第二次祈祷,并在梦中见到了一个人:

> 他一着地，就向我走来，手里拿着一根长矛或武器，要来杀我。他走到不远处一块高地时，对我说话了——或者说，是我听到了一个可怕得难以言喻的声音。他讲的话里我能理解的一句是这样的："既然这一切都不能使你悔改，你现在就去死吧。"说完这话，他就举起手中的长矛来杀我。

在这个惩罚的上帝形象面前，鲁滨逊不得不承认，6月21日的祈祷，是"由于高烧，也由于良心的责备，我嘴里被逼出了几句类似于祈祷的话，但是这种祈祷却不能说是含有渴望或盼望的祈祷，倒不如说是出于恐惧和痛苦的叫声"；只有6月27日的祈祷才是真正向上帝示弱："'主啊，成为我的援助吧，我已走投无路。'多少年来，这是我的第一个祷告，如果可以说是祷告的话。"

6月28日鲁滨逊平生第一次在吃饭时向上帝祈祷，并在饭后第一次思考了创世的问题。思考的结果是，是上帝创造了大地和海洋，大气和天空，也是上帝安排了他所遭受的灾难；"于是，紧接着的问题是：上帝为什么要这样对我？我做什么了让他这样？"这个预定论的问题差点将他逼疯。在恍惚之中，鲁滨逊第一次拿起了《圣经》，"我只是随意地翻开书，跳入眼帘的第一句话是：'在患难之日求告我，我必搭救你，你也要荣耀我。'"这句话出自《旧约·诗篇》50:15。

6月29日疟疾没有发作。7月1日只发了一阵轻微的寒战，7月3日病完全好了。

在此之前，在1659年雨季，发现岛上长出了英格兰的

六 鲁滨逊的原罪

大麦,和1660年4月17日岛上发生地震,在最初的震惊之后,都没有让鲁滨逊认识上帝。因为他后来想起,大麦是他抖落鸡饲料的袋子时,无意种下的;而地震并没有威胁到他的生命。只有上岛9个月之际,从这场疟疾中痊愈,让鲁滨逊变成了真正的基督徒。

在琢磨"我必搭救你"这句经文的过程中,鲁滨逊忽然想到:他一心想着上帝把他从目前所处的困境中救出来,却忽视了他曾经获得过的搭救。

7月4日鲁滨逊第一次主动拿起《圣经》阅读,这次他从《新约》读起,并且读到了这一句:"他被高举为君王和救主,给人以悔改的心和赦罪的恩。"(《使徒行传》5:31)读到这儿,他喊道:"耶稣啊,你这大卫的后裔!耶稣啊,你这被高举的君王和救主!赐我悔罪之心吧!"这时候他意识到,6月21日、27日、28日的祈祷也都不是真正的祈祷,只有7月4日的祈祷才是。"这是我生平第一次真正意义上的祷告,因为现在我将祷告跟我的处境联系了起来,跟真正的圣经上的盼望观念联系了起来,它是由于上帝圣言的鼓舞而产生的。"

在有了悔罪之心后,鲁滨逊真正认识到"搭救"的含义。原来,"搭救"并不是指上帝把他从这个像监狱一样的岛上救出去,而是把他从罪恶中救出去。这意味着,离开这个岛并不是"搭救",到达这个岛才是。

在认识的改变之后,鲁滨逊才开始真正将这个岛当作自己的"家"。7月15日开始第一次环岛调查,7月16日发现了野生的葡萄。8月初,建好了山谷之中的"乡间别墅"。然而他也并没有从海边搬家到乡间，而是同时拥有这两处住宅。一处是他的赫尔，一处是他的约克。

1660年9月30日，他建立自己的纪念日或圣诞日，并从此每七天过一个安息日。上帝重新回到鲁滨逊的日历之中。此后岛上的纪年也以此日为一年之始，鲁滨逊纪年代替了耶稣纪年。[6]他不再每天记日记，理由是墨水用完了，但正如后来那个英国船长所说，岛上到处都是木材，用木炭和水制备墨水并不是什么难事。这只能理解为完成皈依之后，日记作为一种自我的日历已然无用。

鲁滨逊第一年吃的，除了他从沉船上搜罗到的（比如饼干），就是狩猎和采集来的（比如葡萄）。从第二年开始，鲁滨逊已经完全掌握了岛上旱季和雨季的规律（两个雨季和两个旱季），开始了他的农业生涯。他第一年在角落里无意抖落的水稻、大麦，长出了三十个稻穗和二十个麦穗，成了他的第一批种子。在等待作物成熟的日子里，因为船上拿来的饼干吃完，他有近一年时间没有吃到面包。

1661年9月30日，他度过了他的第二个纪念日。第三年，他每天都单独划出时间来读《圣经》，一日两次。其余时间，他在砍树、锯木、耕种、收割、制陶、做面包中度过。第四年开始，他费尽千辛万苦做了一个独木舟，大到能装二十六个人，却因为实在太大，无法下水，劳而无功。造船和保留海边住宅表明，鲁滨逊内心深处，仍然没有放弃航

---

[6] Dewey Ganzel, "Chronology in *Robinson Crusoe*," *Philological Quarterly* 40（4），1961, pp. 495–512.

行的渴望。

在1663年9月30日第三个纪念日，鲁滨逊在翻阅自己此前的日记时，从自己的个人史中总结出了如下规律：

> 首先，我前面提到过，我摆脱父亲和亲友，走到赫尔去下海的日子，也就是我后来被萨累的海盗俘虏而沦为奴隶的日子。
>
> 其次，我从雅茅斯锚地的沉船中逃出来的那天，也正是我乘一只小艇从萨累逃走的同一天。
>
> 我出生于9月30日，二十六年后的同一天，当我被抛在这座岛上，我也奇迹般地被救了出来，所以，我罪恶的生活跟我孤独的生活，可以说是在同一天开始。

1651年9月1日开始第一次航行，和1652年9月1日第三次航行中被海盗所俘，都是沉沦之日；1651年9月19日从雅茅斯乘船中逃离，和1654年9月19日从萨累逃离，都是逃离之日；1632年9月30日出生，和1659年9月30日上岛，是两次出生，只不过，第一次是罪恶的开始，第二次才是获救的开始。"我在这里摆脱了世界一切的邪情（wickedness）。'肉体的情欲、眼目的情欲并今生的骄傲'，我通通没有。我没有什么要觊觎的，因为我拥有现在我所享受的一切。我是整座庄园的主人。如果我高兴，我可以把自己称为我所拥有的这整片土地的国王或皇帝。"[7] 鲁滨逊父亲

---

[7] "肉体的情欲、眼目的情欲并今生的骄傲"，出自《新约·约翰一书》2:16。

说，中间阶层"既不会陷入体力劳动者的不幸与艰辛，劳累和苦难，也不会受累于上层阶级的傲慢与奢侈，野心和妒嫉"，"节制、中庸、安宁、健康、合群，所有令人喜爱的消遣，人人渴望的乐趣，都是中产阶级可以享受到的福分"。上帝保佑中间阶层。鲁滨逊在岛上同时成为体力劳动者和上层阶级，他有体力劳动者的不幸与艰辛，劳累和苦难，却没有上层阶级的傲慢与奢侈，野心和妒嫉。上帝保佑鲁滨逊。鲁滨逊没有留在家里成为父亲的好儿子，却在荒岛上成为上帝的独生子。

第六年，他的第二艘小独木舟成功下水，这一年的11月6日，鲁滨逊开始了他上岛之后的第一次绕岛航行。我们看到，鲁滨逊有意避开了1日、19日、30日这三个日子。但不出所料，这次航行又一次几乎遇险。他好不容易上岸后，"双膝跪在地上，感谢上帝救了我"。从此，鲁滨逊放弃了一切乘小舟离开的想法。鲁滨逊找到了他的十字架，远离了航行。

第十一年，由于火药越来越少，不能再依靠打猎获得肉食，鲁滨逊终于成功驯养了山羊。这下他不但有羊肉可吃，还喝上了羊奶，甚至做出了黄油和奶酪。继农业之后，鲁滨逊又在岛上发展出了畜牧业。

二　脚印

这一远离航行，和上帝同在的状态一直持续到第十五年。一天，他在海滩上发现一个赤足的脚印。小说到这里，

六 鲁滨逊的原罪

篇幅刚刚过半。

鲁滨逊先是怀疑那个脚印是魔鬼撒旦留下的,但很快就自我否认了,"魔鬼若要吓我,大有其他的法子,何必用单单一个脚印。由于我安安静静地住在岛上的另一边,他绝不会头脑简单到把脚印留在一个我只有万分之一机会看到的地方,更何况还留在沙滩上,只要起一阵大风,来一波浪头,这脚印就会无影无踪"。鲁滨逊心目中的魔鬼和自己一样理性。魔鬼在这么个地方留下一个脚印,不符合魔鬼阴险狡猾的本性。

他又怀疑这个脚印是自己无意中留下的。但当他鼓起勇气,再次来到那个地方与脚印比对时,这个希望也丧失了。"当我把脚印跟我自己的比对时,发现我的脚要小得多。""我浑身直打哆嗦,跟发了疟疾一样。"十五年前那次差点要了他命的疟疾的经历,又一次降临到他身上。

最后,经过冷静的思考和自我辩论,鲁滨逊终于断定,"这个岛如此风景宜人,物产丰饶,离大陆又不超过我眼见到的那点距离,那就并非如我想象的那样完全荒无人烟。这里尽管没有固定的居民,那边却也许时有船只离岸来此,他们或是有意来此,或是并非有意,却被逆风驱赶至此,来到这个地方"。那么,这个脚印最有可能就是大陆那边的野人留下的。"他们既然是食人野人,就会根据他们可怕的习俗,杀掉并吃掉他们的俘虏。"

"脚印变成了入侵他哲学的受造物,迫使他将他的基督教从个人层面扩展到社会层面。"[8]只不过，迄今为止，鲁滨逊遇到的所有人，不管是英国人、葡萄牙人，还是萨累的奴隶和奴隶主，都属于那个由上层阶级、中间阶层、体力劳动者所构成的"社会"，交换或者掠夺将他们联系在一起；他们可以有偿或无偿消费对方的劳动成果，但并不消费对方的肉身。从萨累逃出后，在非洲海岸，鲁滨逊曾经和非洲黑人做过交易，用豹子肉换取黑人的干肉、谷物和水。那些黑人虽然赤身裸体，但也是劳动者，有黑人男人的标枪、女人的陶罐为证。当然也正是因为这一点，他们才成为鲁滨逊打算贩买的对象。但加勒比的野人却不是劳动者。否则距离大陆这么近的一个"风景宜人，物产丰饶"的小岛，怎么会处于荒芜状态，任鲁滨逊自给自足生活十五年？

上层阶级、中间阶层、体力劳动者这三者，是鲁滨逊父亲根据自己的经验划分的；然而，在鲁滨逊所到达的更广阔的世界中，人却是按照食谱区分的。基督徒和穆斯林的食谱相同，在非洲海岸航行时，基督徒鲁滨逊和穆斯林苏里都只吃兔子肉，不吃豹子肉，宁愿用豹子肉与黑人交换粮食与水。"黑人们想吃豹子肉……他们给了我一些肉，我拒绝了，示意我把肉全部送给他们……"对食物的不同偏好，是这次交易的基础。到荒岛之后，鲁滨逊虽然食谱广泛，对肉食却颇为挑剔，只吃山羊、鸽子和海龟，野猫、野兔和狐狸都是不吃的。现在，以人为食物的野人出现了，食人族不会和自

---

[8] J. Paul. Hunter, *The Reluctant Pilgrim: Defoe's Emblematic Method and Quest for Form in* Robinson Crusoe, Baltimore: Johns Hopkins Press, 1966, p.182.

六　鲁滨逊的原罪

己的食物做交易,和野人交易的基础丧失了。

不仅如此,这个食人族留下的脚印,还动摇了鲁滨逊对上帝的信仰。他曾经以为,上帝把他从人类社会中抛到这小岛上,是把他从罪中解救;但脚印却让他怀疑,上帝把他抛在这小岛上,仍然是对他的惩罚,作为囚犯,最终是作为食物。"因为对自己落入野人和食人野人的恐惧,是如此沉重地压在我的心头,以致我再也没什么心思去祷告上帝了"。对"野人"(savages)的恐惧和对"食人野人"(cannibals)的恐惧并不相同,因为后者包含对上帝的怀疑。

鲁滨逊没有记录他发现脚印的具体日期,这意味着,他总结的1日沉沦、19日逃离、30日获救的规律也失效了,上帝的意图无法从日历中得到解读。许久没有出现的航行的意识又出现了,以至于有一天他"觉得看到了一艘船漂浮在海面上很远的地方"。这当然是幻觉。刚上岛没几天的时候,他也产生过这样的幻觉:"我妄想过头,产生了幻觉,看到远处有一片帆影,满心欢喜,然后定睛一看,看得眼都花了,却什么也没有看到。"

在恐惧和怀疑中,鲁滨逊做了大量隐藏自己的工作,隐藏自己的住宅,隐藏自己的羊群,等等。在第十八年七八月间的一天,他来到岛的远端,亲眼看见食人族吃剩的人骨时,怀疑变成现实:"当我看到海岸上散布着头骨、手骨、脚骨和其他的人骨时,我心里的恐惧真是难以言表。我特别注意到一处曾生过火的地方,在地上挖了一个斗鸡坑似的圆圈,我想那些野蛮人就是坐在那里享受他们的人肉盛筵,大啖他们同类的肉的。"

人肉宴的痕迹让鲁滨逊终于认识到，此前他对拯救的理解是错误的。"我带着灵魂最真挚的感情仰望高天，眼含热泪，感谢上帝把我投生在世界上另一个地方，使我区别于这些可怕的食人野人。"原来成为食物并不是最可怕的，最可怕的是成为食人者。如此解读上帝的恩典，他必须承认，他1659年9月30日到达的这个岛并不是一个伊甸园，1632年9月30日降生的约克城才是。上帝把他降生在他父亲，一个非食人者的家里才是真正的恩典。违抗父亲，就是违抗上帝。他终于认识到："我不顾自己原来的家境，也不听父亲的忠告，反而对着干，也许我可以把这叫作我的'原罪'吧！"[9]

第二十三年十二月冬至前后，在离家两英里的地方，鲁滨逊终于亲眼目睹了食人场景，那是九个赤身裸体的野人。鲁滨逊这时虽然全身武装，却并没有贸然进攻这些野人。因为在此之前，他已经反复盘算过了，用西班牙人的方式，以文明高于野蛮的理由屠杀这些野人，不仅没有必然的胜算，而且也未必是上帝的旨意。这些野人也是上帝的造物，在上帝面前，他和这些野人是平等的。"在这个案子中，我怎么知道上帝自己的判决是什么呢？……他们并不把杀死战俘视为犯罪，正如我们不把杀死一头牛视为犯罪一样。他们之吃人肉就跟我们之吃羊肉一样。"

如何解决这个平等的难题呢？在第二十四年的一个雨

---

[9] 笛福，《鲁滨逊漂流记》。"原罪"原文为大写。见 Daniel Defoe, *Robinson Crusoe*, edited by Thomas Keymer and James William Kelly, Oxford: Oxford University Press, 2007, p. 164。

夜，一个梦启示了他。他梦见十一个野人带来一个野人，准备杀了吃；而那个将要被杀掉的野人跳起来逃跑了，鲁滨逊救了他，这个野人成为鲁滨逊的仆人。这个梦让他得出一个结论："我若想逃出这个小岛，唯一的办法就是尽可能弄到一个野人，这个野人最好是别的野人的一个俘虏，被他们定了罪要吃掉，并带来这里准备杀掉的。"

在此之前，第二十四年5月16日，一艘西班牙船在附近失事，鲁滨逊登上失事船，补充了大量用具，尤其是枪支火药，却没有找到一个活人。这意味着，他不能借助西班牙人，从而不能用西班牙的方式，来解决他和食人野人之间的困局。但这个梦却启示他：你只有解救被食者，才能最终解救自己。从此，"火枪和战争取代工具和劳动，成为鲁滨逊生活的主题"。[10]

三 星期五

在第二十五年，鲁滨逊果然如梦中所启示的那样，救了一个即将被食的野人。这里的自然权利的推理是这样的："星期五是敌方部落的俘虏，敌方部落有杀死他的自然权利，但星期五可以合法地试图逃跑来保护自己的生命。鲁滨逊·克鲁索对追捕星期五的食人族的屠杀遵循了自我防卫的自然法则。通过拯救星期五的生命（星期五也是食人族，因此是他

---

[10] 李猛，《自然社会：自然法与现代道德世界的形成》，生活·读书·新知三联书店，2015，页9。

的敌人),克鲁索获得了对他的绝对统治权。"[11]鲁滨逊不是凭借非食人者高于食人者这个理由(这在上帝面前不成立),而是通过和食人者在上帝面前基于自然权利的平等,在食人者之间的战争中火中取栗,建立起他对星期五的绝对统治。

鲁滨逊给这个野人取名"星期五"。"这是我救他的日子,这样取名是为了纪念这一天。我还教他说'主人',让他知道这是我的名字。"星期五这个名字,也标志着上帝历法的第二次回归。9月30日是鲁滨逊的获救日,星期五则是"星期五"的获救日。鲁滨逊有意让星期五成为另一个自己。命名之后,他对星期五的归化立即开始:"我给了他一罐羊奶,让他看我喝奶,我还把面包浸在羊奶里,然后我给他一块面包跟我学,他很快就照做了,并向我示意,很好吃。"

从吃饭、穿衣开始,鲁滨逊像对待一个婴儿一样对待星期五,而星期五"对我很是依恋,就跟儿子对父亲似的"。这是一对后天的父子,不是基于生育,而是基于拯救。但是,既然上帝对鲁滨逊的拯救是将他降生在非食人野人中间,鲁滨逊对星期五的拯救就不仅是使他免于被吃,而是要改变他食人的本性。只有改变了星期五的这一本性,才能把鲁滨逊从被食的威胁中彻底解救出来。

"既然克鲁索的父亲是上帝,那么克鲁索成为星期五父亲的唯一令人满意的方法就是成为上帝。"[12]只不过鲁滨逊在

---

[11] Maximillian E. Novak, *Defoe and the Nature of Man*, London: Oxford University Press, 1963, p. 52.
[12] E. Pearlman, "Robinson Crusoe and the Cannibals," *Mosaic* 10(1), 1976, pp. 39–55.

星期五面前扮演父亲和上帝，需要借助火枪。两三天后，为了改变星期五那食人族的肠胃，鲁滨逊准备让他尝尝羊肉。但鲁滨逊既没有自己宰羊，也没有让星期五动手，而是大动干戈，在星期五面前用火枪射杀了一只小羊。趁星期五目瞪口呆的当儿，又偷偷装弹，射杀了一只鹦鹉。这一招果然很灵，星期五在一段时间里，会一个人对着火枪说话，求枪别杀他。

鲁滨逊给星期五吃炖羊肉，这是他喜爱的烹调方式，但星期五不喜放盐。鲁滨逊第二天就改为烤羊肉。"他尝了烤羊肉后，用了各种方法告诉我他多么喜欢吃，我当然不可能不知道他的意思。最后，他告诉我，他以后再也不会吃人肉了。"烤羊肉更符合星期五的口味，因为食人族食人也是烤着吃。但只要星期五爱羊肉胜过人肉，烹调方式是无关紧要的。

鲁滨逊的第二步是把星期五改造成一个劳动者，同时教会星期五说英语。"我问了星期五成百上千个问题，涉及土地、居民、海洋、海岸、附近的民族等等，他都毫无保留地把他所知道的告诉了我，十分坦诚。"经过这番调查，离开这个小岛的方案也浮现出来了，那就是造一艘能越过急流和风浪的大船。

但鲁滨逊并没有立即和星期五动手造船。在此之前，他还要把星期五改造成一个基督徒。一个不吃人的野人，一个好的劳动帮手，不过是另一个苏里那样的奴隶。当年轻率地把苏里卖掉，让别人去归化他，鲁滨逊一直引为憾事。鲁滨逊现在需要的，是一个基督徒儿子。

在改掉了星期五对"贝纳木基"的信仰，成为一个好基督徒，并热衷于和鲁滨逊讨论基督教神学问题之后，鲁滨逊才让他了解火药和子弹的秘密，教会他射击，给了他刀和斧，开始造船。这时，鲁滨逊已从星期五那里得知，有十七个长胡子的白人，很可能是上次失事的西班牙船上的人，一直和星期五的部族和平地生活在一起。到第二十七年，不但一艘二十人大船造成，鲁滨逊还把星期五训练成一个老练的帆船水手。离开小岛，回到大陆的条件似乎已全部成熟。

不过，食人野人又一次不期而至。这一次是二十一人，带来三个俘虏。鲁滨逊和星期五有火枪、手枪，打仗没有问题，只有一个战争的正义性问题萦绕在鲁滨逊心头："星期五倒是可以名正言顺地去打仗，因为他是这群人公开的敌人，和他们处于交战状态，攻击他们对他来说是合法的——可我就不能这样说了。"直到他看清楚，野人下一个要杀的俘虏是一个穿衣服的白人、欧洲人，一个基督徒，这场战争的正义性终于没有任何疑问。鲁滨逊带头开了枪，这次不是基于自然权利，而是作为基督徒。基督徒对野人的圣战开始了。

战果是惊人的，除了逃走的四个，鲁滨逊、星期五和他们解救的西班牙人一共杀死了其余十七个野人。更有戏剧性的是，第三个被解救的俘虏，居然是星期五的亲生父亲。

星期五对亲生父亲的孺慕之情引起了鲁滨逊深深的嫉妒，就像养父对生父的嫉妒，但他克服了。[13] 他转而强调他

―――――――

[13] Eva Brann, "The Unexpurgated Robinson Crusoe," *American Dialectic* 1(1), 2011, pp. 90–111.

对他们的主权:"我的臣民都极为顺服——我绝对是主人和立法者——他们都欠了我救命之恩,如果有必要,都准备为我献出生命。"强调星期五和他父亲的区别:"我虽然只有三个臣民,却分属三个不同的宗教——我的仆人星期五是一个新教徒,他的父亲是一个异教徒和食人族,西班牙人是一个天主教徒。然而在我的领土上允许信仰自由。"允许信仰自由,意味着鲁滨逊不打算在宗教上归化星期五的父亲,以保持对星期五灵魂的垄断。

造船回大陆的计划也改变了,改为让西班牙人和星期五的父亲去接其余十六个西班牙人到岛上。因为从这位被救的西班人口中得知,那只西班牙船失事之后,海水把所有的火药都浸湿了,剩下的一点干火药也在登岸后为充饥打猎全用完了。西班牙人虽然与星期五的部族和平共处,但在与敌对部族的战争中并不能占上风,还成为对方的俘虏和食物。没有火枪作为后盾,那些西班牙人就既不能按照西班牙的方式屠杀敌对野人,也不能按鲁滨逊的方式归化共处的野人,没有船只,没有工具,没有吃的,整日以泪洗面。大陆和小岛的地位也易位了。

在岛上播种、收割了一季庄稼,扩大了羊群,采集、晾晒了大量葡萄干,备好了十六个西班牙人到来以后足够吃的食物之后,西班牙人和鲁滨逊的父亲出发了。这是一次冒险。因为鲁滨逊拿不准这些西班牙人会不会背信弃义,恩将仇报,最后将他变成俘虏,送进宗教裁判所。临走时,鲁滨逊只交给两人各一支短枪,大约八份弹药,而把火力的优势仍然留在自己这里。

四 父亲

在两人离开八天之后，鲁滨逊迎来了他在岛上的最后一次战争，即平息英国船叛乱的战争。这场战争鲁滨逊讲得津津有味，但其原理和前两场是一样的。这一次，他依然没有加入占据优势的叛乱水手，而是和前两次一样，选择去救面临死亡危险的船长。这不是出于对叛乱的义愤，或者对落难者的同情，而是同样的自然权利推理：只有拯救被统治者，才能最终获得统治权，不管他是食人族，西班牙人，还是英国人。这是征服的契约，也是统治的原理。鲁滨逊在平叛战争中扮演了一个"总督"的角色，这一切都始于鲁滨逊在星期五面前扮演上帝，扮演父亲。

在成功夺船，平息叛乱之后，鲁滨逊和星期五没有等待那十七个西班牙人和星期五的父亲返回，就搭乘英国船回国了。根据船上的公共日历，这一天是1686年12月19日。"我第二次得救的日子，跟我第一次得救的日子相同。"上帝的旨意又一次以日历的方式显现了。第一次得救，鲁滨逊现在指的是1654年9月19日从萨累的摩尔人那里逃走，不再提1651年9月19日从雅茅斯沉船事件中逃命。从萨累逃走时，他身边有苏里陪伴，这一次，他身边有星期五，星期五选择终生跟随鲁滨逊这个父亲，而不是留在岛上等待那个食人族父亲。

从提到船上日历开始，鲁滨逊的荒岛日历彻底结束了。他于1687年6月11日回到英国。从1652年9月1日离开英国,三十五年过去了。他的父母已经去世,在约克,他只找到两个妹妹,和一个哥哥的两个孩子。"由于我长年在外,大家以为我早已不在世上,因此没有给我留一点遗产。"然而,他在巴西的种植园还在,合伙人还活着。在那位曾经救了他和苏里的葡萄牙船长的帮助下,经过一系列令人眼花缭乱的跨大西洋商业和金融操作,鲁滨逊收回了自己的巴西产业,成为富翁。这又一次证明,在鲁滨逊所在的那个世界,家庭是靠不住的,财富靠种植园积累,用契约、账目、账单记录,靠财政检察官、土地税收官分配、监督,以货物、黄金、汇票的形式流通。在鲁滨逊不在的时候,他的财富在忠实地、悄悄地增长。

靠着这笔财富,鲁滨逊过上了他父亲推荐的那种生活:"首先,我结了婚,这桩婚事可算门当户对,差强人意,生了三个孩子,包括两个儿子,一个女儿。"但和他的父亲不一样的是,他在成为父亲的同时,仍然还是一个儿子。他没有坐等自己的儿子成为自己的反叛者,1694年,怀着原罪,他又一次踏上了航程。

七 莫尔索的成年礼

一 妈妈

《局外人》以"今天,妈妈死了"开头,以"很久以来,我第一次想起了妈妈"结束。[1]

莫尔索是一个成年人,他有工作,有女朋友,有性生活;他杀了一个人,能够上法庭、负刑事责任。

但他还是习惯叫"妈妈"。[2]

养老院电报上的用词是"母死",养老院院长和门房,殡仪馆的伙计,以及莫尔索杀人案中的律师和检察官,在和莫尔索谈到他妈妈的时候,都是说"你母亲"。

但在莫尔索的叙述中,一直喊的是"妈妈",甚至一并提起父母亲的时候,也改不了口:"我想起了妈妈讲的关于我父亲的一段往事"——

---

[1] 《加缪文集》,郭宏安、袁莉、周小珊等译,译林出版社,1999。以下译文均引自这一译本。
[2] 很多评论注意到这一点,如萨特,《〈局外人〉的诠释》,见《萨特文论选》,人民文学出版社,1991,页54—72;Terry Otten, "'Mamam' in Camus' *The Stranger*," *College Literature* 2(2), 1975, pp. 105–111。

关于这个人，我所知道的全部确切的事，可能就是妈妈告诉我的那些事。有一天，他去看处决一名杀人凶手。他一想到去看杀人，就感到不舒服。但是，他还是去了，回来后呕吐了一早上。

小说里只有这个地方提到了莫尔索的父亲。我们不知道他的父亲是不是早死了，还是怎么了。

从小说里我们知道，莫尔索上过学。但中途无奈放弃了学业。

他去过巴黎。在阿尔及利亚这个法国的殖民地，人们以巴黎为荣。养老院的门房让莫尔索知道，他在巴黎住过，而且怎么也忘不了巴黎；莫尔索的女朋友玛丽很愿意认识认识巴黎；马松的太太一口巴黎腔；在莫尔索杀人案（和一宗弑父案）开庭期间，有巴黎一家报纸的特派记者——但，当老板想在巴黎设一个办事处，征求莫尔索意见的时候，他拒绝了。玛丽问他巴黎怎么样，他说："很脏。有鸽子，有黑乎乎的院子。人的皮肤是白的。"

巴黎的阴暗和阿尔及尔的阳光，那里人们苍白的皮肤和这里人们晒黑的皮肤形成对照。莫尔索大概在阿尔及尔港口的什么船运公司工作。从小说里我们看到他要处理提单；办公室外面就是海。中午他和同事回城里吃中饭。吃完饭还能回家午睡一会儿。他每周工作五天。星期六、星期天休息。

他并不去教堂。

莫尔索是在星期四接到养老院的电报；下午坐了两个小时的公交车过去。星期四晚上守灵。星期五妈妈下葬，天黑

七　莫尔索的成年礼

以后赶回城里。星期六他去游泳，碰见了以前的同事玛丽。晚上他们一起看了一部喜剧电影，并睡在了一起。星期天早上玛丽得到她婶婶家去。

然后是又一个周末，莫尔索和玛丽一起度过。

然后是又一个星期天，莫尔索和邻居莱蒙，应邀去莱蒙的朋友马松夫妇在海滩的木屋度周末。

这一天，发生了命案，莫尔索开枪杀死了一个摩尔人。

这时，离莫尔索的妈妈去世、下葬，不过两个星期。

二　命案

莫尔索是怎么涉入这桩命案的？

妈妈下葬后的那个星期一，莫尔索帮邻居莱蒙写了一封信。这个莱蒙是个拉皮条或者吃软饭的，他和情妇发生了矛盾，并和情妇的兄弟打了一架。莫尔索帮莱蒙写了一封信，羞辱那个情妇。在写那个女人的名字的时候，莫尔索才知道莱蒙的情妇是个摩尔人——北非的阿拉伯人。

下一个星期天，莱蒙在他的住处殴打了情妇，并招来了警察。莱蒙希望莫尔索帮他去警察那儿做证，莫尔索答应了。并且在下个星期六去做了证。

第二天是星期天，莱蒙请莫尔索、玛丽到他的朋友马松夫妇的海滨小木屋去玩。出发的时候，他们发现了和莱蒙打架的那个阿拉伯人，莱蒙情妇的兄弟，和一帮阿拉伯人就等在他们的住处对面。自从上星期天莱蒙殴打了情妇，这伙人已经盯着他好几天了。

莱蒙的对头和另一个阿拉伯人，尾随他们来到了海滩。莫尔索、莱蒙、马松饭后散步的时候，两拨人狭路相逢，莱蒙和马松打翻了两个阿拉伯人，但对方也用刀划伤了莱蒙的胳膊和嘴，然后一溜烟跑了。

包扎完伤口，莱蒙不忿，带着手枪去找阿拉伯人。莫尔索跟着。四人对峙。阿拉伯人在手枪亮出来的时候落荒而逃。莱蒙心情大好。

莫尔索陪莱蒙回到木屋。莱蒙留下了，他自己却返回到刚才四人对峙的地方。莱蒙的对头还在。在正午暴烈的阳光下，阿拉伯人亮出了刀子，莫尔索开了枪。开了第一枪后，又朝那具尸体开了四枪。

三　莱蒙

这是一桩让人费解的命案。明明是莱蒙和阿拉伯人的冲突，为什么最后是莫尔索开枪杀了人？

小说中直接和阿拉伯人有交集的只有莱蒙一个人。事情也是因他而起。莱蒙先说了他和人打架的事；这个人是他情妇的兄弟。而他的情妇在金钱上欺骗他。他想出了一个新颖的羞辱情妇的办法：就是先写一封信，"'信里狠狠地羞辱她一番，再给她点儿甜头让她后悔'。然后，等她来的时候，他就跟她睡觉，'正在要完事的时候'，他就吐她一脸唾沫，把她赶出去"。在这个高难度的计划中，对莱蒙来说最难的是写这封信，正是这封高难度的信让他想到找莫尔索帮忙。

接下来，莱蒙寄走了信；到星期天，莱蒙的计划执行到

七 莫尔索的成年礼

最后环节——只是,莱蒙吐完唾沫,情妇打了他一耳光。莱蒙只好接着殴打情妇,事情又回到原有的模式。玛丽听不下去,让莫尔索去叫警察,莫尔索说他不喜欢警察。住在三楼的管子工叫来了警察。警察打了莱蒙一个耳光,不是因为他打了情妇,而是他在警察问话的时候嘴里还叼着一支烟。

像任何吃软饭的男人一样,莱蒙很在乎自己的男子汉形象。可是他的男子汉形象里总是透露出吃软饭的信息。他的床头上方挂着"几张体育冠军的相片和两三张裸体女人画片",这很男人;但那儿同时"摆着一个白色和粉红色的仿大理石天使像"。他说话,嘴里老是"男子汉""男人"这样的词,但他拿出来写信的家什却是"一张方格纸,一个黄信封,一支红木杆的蘸水钢笔和一小方瓶紫墨水",真是女里女气。

警察打了莱蒙一个耳光。让莱蒙觉得很没面子。他跑来问莫尔索:警察打他时,莫尔索是否期待他还手。莫尔索说他并不那样想,而且自己不喜欢警察,这让莱蒙很高兴。马上拉着莫尔索去做一些很男人的事:喝白兰地、打弹子、逛妓院。最后一项因莫尔索不好此道而作罢。

在发生命案的那个上午,莱蒙、莫尔索、玛丽三人准备出发去海滩,莱蒙发现他的对头和那伙阿拉伯人还等在公寓对面的时候,他还是很紧张的。知道他们没有跟来才松了一口气。

实际上莱蒙的对头和另外一个阿拉伯人还是跟来了。饭后第一次冲突的时候,是莱蒙和马松先动的手。莫尔索只是预备队。莱蒙和马松认识已经很久了,曾经一起住过。两人打起群架来配合很好,阿拉伯人完全不是对手,只是手里有刀子才占了点便宜。

莱蒙吃了亏,胳膊缠着绷带,嘴上贴着橡皮膏。最关键的,在朋友面前丢了脸。按照莱蒙的习惯,这个面子是一定要找回来的。我们不知道莱蒙口袋里的枪是哪儿来的,很有可能是马松的。但当莱蒙气哼哼地出去寻仇时,马松并没有坚持跟出来。只有莫尔索跟着他。

和阿拉伯人对峙的时候,莱蒙和莫尔索有以下一段对话:

> 莱蒙:"我干掉他?"
> 莫尔索:"他还没说话呢。这样就开枪不好。"
> 莱蒙:"那么,我先骂他一顿,他一还口,我就干掉他。"
> 莫尔索:"就这样吧。但是如果他不掏出刀子,你不能开枪。"

这两个人并不是在讨论如何使自己的行为看上去符合"正当防卫"的法律要件。法学家在读到这一段的时候,总是发生这样的误解。[3] 这两个人讨论的不是如何开枪而不受法律追究,而是如何开枪才更像个"男人"。要注意的是,是莫尔索提出了在这种状况下符合男子气概的两个条件:第一,不能先动手,要后发制人,这实际上是对第一场冲突

---

[3] 例如波斯纳,《法律与文学》(增订版),李国庆译,中国政法大学出版社,2002,页55—56。

中，莱蒙和马松采取先发制人模式的否定；第二，手段要对等，不能对方骂你你就开枪，起码要等到对方掏出刀子。

莫尔索不知道，他否定了白人殖民者对付被殖民者的普遍模式，在船坚炮利的同时仍然先发制人，他们这样干已经好几百年了。虽然这很没有骑士道德，很不男人。但认为被殖民者和自己一样是男人并与之决斗，不是殖民者的习惯。

莱蒙面对莫尔索的提议有点火了。这时，莫尔索提出了他的方案："还是一个对一个，空手对空手吧。把枪给我。如果另一个上了，或是他掏出了刀子，我就干掉他。"

莫尔索是在这一刻成为这场冲突的主角的。他重新制定了游戏规则。像个男人一样对待任何对手。这一刻也是他的成年礼。莫尔索要走莱蒙那把枪，希望莱蒙像个男人一样和对手单挑；同时，他期待自己也像个男人一样加入这场决斗，他期待的是一个拿刀子的对手。

在手枪亮出来之后，两个手里有刀、气定神闲、芦苇管吹个没完的阿拉伯人突然就溜了。

莱蒙的虚荣心终于有了着落。他已经和对头打了两架，每次都挂彩。只有这次挽回了面子，他心情好多了，还提起了回程的公交车班次。

四 法律

从一开头，预审推事就对如何审理莫尔索杀人一案指出了方向：本案关注的不是罪行，而是犯罪的人。他对莫尔索说："我感兴趣的，是您这个人。"

预审推事从两个方面开始研究莫尔索。第一，是不是爱妈妈？第二，是不是信上帝？第一个是伦理的，第二个是宗教的。作为基督徒，他本人更关心第二个问题。与此相关，他对莫尔索一共开了五枪这一点大惑不解。"为什么，为什么您还往一个死人身上开枪呢？"

莫尔索对"为什么您在第一枪和第二枪之间停了停？"这个问题，不知如何回答，只是告诉他自己不信上帝。十一个月后，预审推事接受了莫尔索不信上帝这一点，开玩笑地称莫尔索为"反基督先生"。

其他法律人集中在第一个问题上。他们调查了莫尔索的私生活。在养老院那里他们得知，莫尔索在母亲下葬那天"表现得麻木不仁"。律师向他核实这一点。莫尔索回答说，毫无疑问，他爱妈妈，但"所有健康的人都或多或少盼望过他们所爱的人死去"。律师大惊失色，似乎莫尔索道出了一个这个社会普遍存在的心理事实。

十一个月的预审结束了。在第二年六月正式庭审过程中，莫尔索在母亲葬礼及其后的行为又被公开审理了一遍。院长、门房、母亲在养老院的男朋友老多玛·贝莱兹的证词被检察官用来证明莫尔索对母亲的冷漠。他不要看母亲的遗容，他没有掉一滴眼泪，葬礼结束马上就离开，他不知道母亲的岁数，他在守灵的时候抽烟、睡觉、喝了牛奶咖啡，而检察官认为，按照某种默认的社会规则，"一个外人可以请喝咖啡，而一个儿子，面对着生了他的那个人的尸体，就应该拒绝"；玛丽的证词则被用来证明"这个人在他母亲死去的第二天，就去游泳，就开始搞不正当的关系，就去看滑稽影片开怀大笑"。

检察官还力图把莫尔索描绘成莱蒙这个声名狼藉的皮条客的同谋和朋友。莫尔索替莱蒙写的那封信被认为是整个悲剧的根源,莱蒙羞辱情妇时他没有干涉,他还到警察那儿为莱蒙做证、献殷勤。最后,"为了了结一桩卑鄙的桃色事件就去随随便便地杀人"。当律师问莫尔索在母亲葬礼上的表现和杀人之间有什么关系的时候,检察官喊出了他的名言:"我控告这个人怀着一颗杀人犯的心埋葬了一位母亲!"

检察官更进一步指控,莫尔索在精神上杀死了自己的母亲。这和法庭即将审理的一桩弑父案是同构的,前者是后者的准备:"一个在精神上杀死母亲的人,和一个杀死父亲的人,都是以同样的罪名自绝于人类社会。在任何一种情况下,前者都是为后者的行动做准备,以某种方式预示了这种行动,并且使之合法化。"

莫尔索没头没脑地杀死一名阿拉伯人在这群白人看来是非常费解的。莱蒙满不在乎地殴打情妇才是白人对待阿拉伯人的正常模式。莱蒙殴打了自己的情妇,莫尔索到警察局做证,警察根本就没有调查他的证词;同样,莱蒙的情妇,被杀的阿拉伯人的同伴,根本就没有出现在莫尔索杀人案的证人席上。萨义德抱怨说,莫尔索"杀死了一名阿拉伯人。但是这个阿拉伯人没有名字,并且似乎也没有历史,更不用说父母了"。[4]法庭对莫尔索这个人和他的灵魂的关注,超过

---

[4] 爱德华·W.萨义德,《文化与帝国主义》,李琨译,生活·读书·新知三联书店,2003,页150。

了对那个无名无姓的阿拉伯人的生命的关注。

在殖民者的法庭上，只有当检察官将莫尔索在肉体上杀死阿拉伯人的行为，转化为在精神上杀死自己母亲的行为时，莫尔索的罪行才变成了真正的罪行，可惩罚的罪行。

五　父亲

法庭判决说，它将以法兰西人民的名义，以非常法兰西的方式，即断头台，将莫尔索在广场上斩首示众。

这时，预审推事之外，第二个关怀莫尔索的灵魂的人——指导神甫上场了。这是另一场审判。第一场法律审判仅仅处决莫尔索的肉体，第二场宗教审判将拯救他的灵魂。没有第二场审判，第一场审判将是失败的。从上帝的观点看，每个人都是必死的，好像每个人从出生起就被判了死刑。人类的正义不算什么，上帝的正义才是一切。神甫说。

莫尔索输掉了第一场审判，却赢得了第二场审判。他否认上帝和代表上帝的神甫对生与死、灵魂与肉体的区分。他迷恋的是玛丽的肉体；他在乎的是自己的肉体的感觉。他对妈妈葬礼那天的热，对打死阿拉伯人那天的热，对法庭上的热，都极为敏感。"汽车颠簸，汽油味儿，还有道路和天空亮得晃眼"，让他在去养老院的路上睡着了；"屋子里暖洋洋的，咖啡使我发热，从开着的门中，飘进来一股夜晚和鲜花的气味"，让他在为妈妈守灵时睡着；从养老院回来，他一口气睡了十二个小时。大部分时候，他顺从肉体的需要。包括他和玛丽的关系，也仅仅是需要，而不是欲望。在这一点

七 莫尔索的成年礼

上,法庭的确误解了他,把他视为一个和莱蒙一样为欲望而不是需要活着的人。他的需要只是一种习惯。在监狱里,他一一克服了性欲、烟瘾和失眠,用需要代替了欲望。[5]"在最后几个月里,我每天睡十六到十八个钟头。""这是妈妈的一个想法,她常常说,到头来,人什么都能习惯。"他并不是一个欲望强烈、意志坚定的人,这我们都能同意。

小说中莫尔索最具有意志力的举动,是在陪莱蒙回到木屋之后,没有走上台阶,而是转身走向海滩:

> 到处依然是一片火爆的阳光。大海憋得急速地喘气,把它细小的浪头吹到沙滩上。我慢慢地朝山岩走去,觉得太阳晒得额头膨胀起来。热气整个儿压在我身上,我简直迈不动腿。每逢我感到一阵热气扑到脸上,我就咬咬牙,握紧插在裤兜里的拳头,我全身都绷紧了,决意要战胜太阳,战胜它所引起的这种不可理解的醉意。

克服自己怕热的习惯,战胜太阳,这是整部小说中莫尔索最勇敢、最具有男子气的举动。就在此前不久,看着马松夫妇,他第一次有了结婚的念头,并且和莱蒙、马松商量好了八月份一道来海滩度假,费用大家出。一种平庸的幸福已经横在他的面前——和玛丽或者什么人结婚,生孩子,成为

---

[5] Patrick McCarthy, *Albert Camus, The Stranger*, Cambridge: Cambridge University Press, 1988, p. 58.

父亲。就像他在两个星期前那个星期天的午后,在阳台上看到的那个领着一家四口外出散步的父亲。但是,这个男孩直到此刻仍然没有完成自己的成年礼。

在西方文化中,弑父总是和成年纠缠在一起。成年就是成为父亲那样的人,而成为父亲那样的人,最直截了当的方式就是杀死父亲。在星期天的海滩上,莫尔索的弑父和成年礼,开始于战胜太阳、杀死阿拉伯人这样一个匪夷所思的荒谬形式。整个成年礼完成于监狱中,莫尔索走上断头台前夕。他拒绝称呼神甫为"父亲",拒绝他称自己为"儿子",在对神甫的咆哮中,这一弑父过程最终完成了:

> 我揪住他的长袍的领子,把我内心深处的话,喜怒交迸的强烈冲动,劈头盖脸地朝他发泄出来。他的神气不是那样的确信无疑吗?然而,他的任何确信无疑,都抵不上一根女人的头发。他甚至连活着不活着都没有把握,因为他活着就如同死了一样。而我,我好像是两手空空。但是我对我自己有把握,对一切都有把握,比他有把握,对我的生命和那即将到来的死亡有把握。是的,我只有这么一点儿把握。但是至少,我抓住了这个真理,正如这个真理抓住了我一样。

这个男孩终于成年,他确定了自己生活方式的全部正当性,而毋庸遵从任何他人包括上帝所规定的道德、礼俗、宗教与法律。这全部的自由使得他终于能够像一个成年人理解另一个成年人那样理解了自己的妈妈,理解了她"为什么她要在晚年又找了个'未婚夫',为什么她又玩起了'重新再来'的游戏"。他期望在自己被行刑的那一天,"我还希望处决我的那一天有很多人来观看,希望他们对我报以仇恨的喊叫声",其中不包括他的生身父亲,那个在看了一个杀人犯的处决后呕吐了一个上午的男人。

卡夫卡《审判》

八

K的时间

"一片夹杂着烟尘的雾气以整面窗户的高度和宽度吹进来,让房间里弥漫着一股淡淡的燃烧气味,几片雪花也被吹了进来。'讨厌的秋天,'那个厂主在K背后说……"[1]

当一个人对着几片雪花说"讨厌的秋天"的时候,那意味着什么呢?

一 十点,还是十一点?

1990年,麦尔坎·帕斯里(Malcolm Pasley)依据卡夫卡的手稿,对布罗德版《诉讼》"在大教堂"那一章做出了一个重要修正:"K准时抵达,他进来的时候钟正敲响十一下,那个意大利人却还不见踪影。"——卡夫卡的手稿上写的是钟敲了"十一"下,布罗德改成了"十"下,帕斯里据卡夫卡手稿改回"十一"下。

---

[1] 卡夫卡,《审判》,姬健梅译,北京大学出版社,2016,页157。以下译文均引自这一译本。

表面上看，布罗德的改动似乎很有道理。因为此前意大利人和K约在大教堂见面的时间是"两个小时后，大约在十点钟"。布罗德据此认为，"十一"是卡夫卡的笔误。

帕斯里指出，布罗德没有意识到，在这部小说中，公共时间和K的个人时间并不一致。K遵守的个人时间比公共时间落后一个小时。[2]

在"在大教堂"这一章中，"K在七点钟就已经来到办公室"，本来打算在上班之前做点与会见意大利人无关的事情——但七点钟是他的个人时间，按照公共时间此时已八点，上班时间已到。因为行长已经派人来叫，意大利客户来了，让他马上到接待室去。

意大利人和K约好十点钟左右到达大教堂。这当然是公共时间，文中特地写明，"意大利人看看时钟"。

K从办公室出发的时间是九点半。但这是K的个人时间，公共时间已是十点半。当K走进教堂的时候钟正敲十一下。大教堂遵循的是公共时间。K没有遇到意大利人。他心想："难道是行长把时间听错了吗？谁又能正确听懂这个人讲话。"但是，行长的意大利语比K好很多，怎么可能把时间听错呢？错的是K。

也许意大利人来了，等K不来，又走了，也许意大利人根本就没有来。但正如神甫后来所说，这都无关紧要，因为意大利人在这里扮演的只是一个引导者的角色——把K引导到大教堂。

---

[2] 帕斯里，《〈审判〉手稿版后记》，见卡夫卡，《审判》，页318—324。

二 大教堂里的基督入墓图

参观大教堂的是 K。对于 K 在翼廊碰到的那位老妇人，教堂还是教堂：老妇人跪倒在一幅圣母像面前，"凝视着那幅画像"。但对 K 而言，大教堂并没有宗教含义。K 曾经是市艺术古迹保存协会的成员，他之所以被派来陪那个意大利客户，是因为他"具有一些艺术史方面的知识"，而那个客户据说也爱好艺术。陪同意大利客户参观大教堂并不直接和银行业务有关，而仅仅是一项维护客户关系的社交义务。但 K 仍然像对待业务工作一样，花了大半夜的时间研究意大利文法，去见意大利人的时候还带了一本城中名胜的相册。

天气阴暗，教堂工友点燃的蜡烛不足以照亮那些祭坛上的圣坛画像。好在 K 在字典、相册之外还带着手电筒。为了试验用手电筒能看见什么，K 用手电筒照向一幅圣坛画像：

> 长明灯的烛光在前面摇晃，干扰了视线。K 首先看到——一半是猜的——一个身穿铠甲的高大骑士，被画在那张画的最边缘。他挂着他的剑，剑身插在面前光秃秃的土地上，只有几根草零零落落地冒出来。他像是专注地观察一个在他面前进行的事件。令人奇怪的是，他就这样站在那里，并没有靠近出事的地点——也许他只是被派来守卫的。……等他让光线扫过那幅画的其余部分，他发现这是一幅习见的基督入墓图，此外这是幅年代比较近的画。

这幅基督入墓图涉及三个时间。首先是基督这位上帝之子的死亡时间，K所在世界的公共历法以这个时间为起点。但一般的基督入墓图中并无骑士，骑士是中世纪才有的。K最后发现的是这幅画创作的时间，这是一幅现时代的画作。看到这里，他丧失了全部兴趣。

这幅基督入墓图的作者也许是个和法院画家提托瑞里类似的角色。他把基督和骑士画在同一幅画里，让挂剑的骑士守卫着入墓的基督。时间之初的基督和历史中的骑士都被纳入了现代，变成了看守和被看守的关系。正如教堂也被纳入了现代，成为城市中的一处名胜古迹。

但这还不是全部。教堂对于那位老妇人还是教堂，对于意大利客户是名胜古迹，对于K是什么呢？

监狱。因为K将在这里遇见指导神甫。

三 《审判》各章的编排

这里我们需要停下来讨论一下《审判》各章的编排。无论是布罗德版还是帕斯里编辑的1990年手稿版，"在大教堂"这一章都被编排在"结局"（K被处死）之前的倒数第二章。这种编排其实并不符合卡夫卡文中留下的时间线索。

K被"逮捕"之后，"和古鲁巴赫太太及布斯特娜小姐的谈话"这一章开头明确说时令是春天。"初审"是在逮捕十天之后的一个星期日。"在空荡荡的审讯室里/大学生/办事处"这一章是在下一个星期日，办事处的女孩告诉K："太阳照在屋梁上，把木头晒热了，空气变得污浊而沉重。"显示时令已经入夏。下一章,"打手""穿着一件深色皮衣,从脖子直到胸前下方都裸着,两条手臂也完全赤裸"。"叔叔/蕾妮"这一章里,叔叔手里拿着一顶"压凹的巴拿马草帽"。这都是夏天的装束。

以上编排都没有问题,但两个版本把"律师/厂主/画家"这一章编排在"叔叔/蕾妮"章之后并不合理。这一章的开头明确无误地写道:"一个冬日上午——外面的雪花在黯淡的光线中落下。"当K打开窗户,"一片夹杂着烟尘的雾气以整面窗户的高度和宽度吹进来,让房间里弥漫着一股淡淡的燃烧气味,几片雪花也被吹了进来。'讨厌的秋天,'那个厂主在K背后说……"。

布罗德版和1990年手稿版可能是根据厂主的这句话,判断此章的时令是秋天。但是,如果我们明白K已经落后于时间,我们当然可以想到,落后于时间的并非K一人。如果说K落后于时钟,那么厂主就是落后于季节。

K的叔叔甚至落后于时代。这位二十年前的法科大学生,胡德律师的同学,一个乡下小地主,"已经在乡下住了快二十年"。他行为粗鲁,说话大声,从走进K办公室的那一刻起,处处让K感到难堪。在胡德律师家,蕾妮走出律师的房间后,叔叔

> 低声说:"我敢打赌她在偷听。"他冲向门边,但门后什么人也没有。叔叔走回来,不是失望,而是不满,因为在他看来,她没有偷听是一种更大的恶意。

叔叔以二十年前对待女仆的态度对待蕾妮。他不知道，蕾妮现在是无所不在的法院的一部分。"在大教堂"那一章里，K 九点半准备去大教堂的时候，蕾妮打过一个电话，告诉 K "他们在追捕你"。

在卡夫卡已写完的章节里，接"叔叔/蕾妮"这一章的应该是"在大教堂"这一章。这章开头就说，季节是"多雨的秋天"，K 刚刚出差回来，去大教堂那一天也在刮风下雨。

帕斯里从卡夫卡的手稿中发现，卡夫卡写下头一章"逮捕"的同时就写下了"结局"那一章，手稿中这两章每页的平均字数都是 200 字。从 1914 年 8 月到 10 月，除开头结尾两章，卡夫卡还完成了"初审""和古鲁巴赫太太及布斯特娜小姐的谈话""在空荡荡的审讯室里/大学生/办事处""叔叔/蕾妮""打手"这些章节，但是，"律师/厂主/画家"、"在大教堂"和"商人布罗克/解聘律师"这三章都只完成了一部分。其中，"律师/厂主/画家"这一章写到了 K 准备离开银行到画家提托瑞里那儿；"商人布罗克/解聘律师"这一章写完了 K 与布罗克的谈话，准备进到律师的房间去解聘他；"在大教堂"这一章则写到了神甫问 K："你知道你的官司情况不佳吗？"[3]

《审判》写作的第一阶段停顿在这里。这时候的手稿有 200 页。到 1915 年 1 月底卡夫卡最终搁置这部未完成作品之前，手稿中只增加了 80 页左右。帕斯里猜测，"在法的

---

[3] Malcolm Pasley, "Kafka's *Der Process*: What the Manuscript Can Tell Us," *Oxford German Studies* 18/19, no. 1, 1989, pp. 109–118.

门前"这个故事是艰难的第二阶段创作中的一道闪光,这个故事为"在大教堂"这一章画上了句号。[4]我的猜测是,这个故事也是"画家"那一部分和"解聘律师"那一部分的灵感。把"在大教堂"(秋天)这一章放在"律师/厂主/画家"(冬天)和"商人布罗克/解聘律师"这两章之前,不光在时令上更为合理,也符合卡夫卡的整个创作计划。[5]

四 在法的门前

在神甫讲述"在法的门前"这个故事之前,K的私人时间和公共时间的不一致,以及由此带来的私人空间和公共空间的混同,不时将K置于错乱之中。比如在第一章,K在应该吃早餐的时候被捕,布斯特娜小姐的房间变成了审讯室。当然,在此之前,这种私人时间/空间和公共时间/空间的混同早已以一种K没有觉察的方式发生了:

> 这个春天,晚上的时间K习惯这样度过:在下班之后,如果还可能的话——他通常在办公室里一直待到九点——独自一人,或是跟熟人一起,散一小会儿步,然后去一家啤酒屋,在固定的一张桌子旁,跟固定相聚的几位先生同桌而坐,他们大多比他年长,通常坐到十一

---

[4] Malcolm Pasley, "Kafka's *Der Process*: What the Manuscript Can Tell Us," *Oxford German Studies* 18/19, no. 1, 1989, pp. 109–118.
[5] Christian Eschweiler编辑的《诉讼》德文版也将"在大教堂"一章提前到"律师/厂主/画家"之前。参见http://www.christian-eschweiler.com/index.php/buch-der-prozess-neu.html。感谢清华大学外文系高瑾老师帮我查找到这个信息。

点。不过，这种安排也有例外，例如，当K被银行行长邀请去搭车兜风，或是到他的别墅共进晚餐，行长很赏识K的工作能力和可靠。此外，每星期K会到一个名叫艾尔莎的女孩那儿去，从深夜到清晨她在一家酒馆当服务生，白天则只在床上见客。

K下班之后的时间并不完全属于他。当然，人人如此。艾尔莎晚上在酒馆当服务生，白天在床上接客，甚至让人怀疑她已经完全没有自己的私人时间和空间。

在大教堂，那个跛行的教堂工友接替意大利人把K引导到小布道坛。K"看看表，时间是十一点"。K自己的手表上显示的是他的私人时间，公共时间已是十二点。但是，这个由于意大利客户"爽约"造成的时间空当真的属于K吗？在K小心移动，快要走出大教堂的时候，神甫大声喊出了他的名字："约瑟夫·K！"

如果K充耳不闻，他马上就会离开教堂，因为"这只会表示他没有听懂，或是他虽然听懂了，却不想理会。可是他一旦转身，就被留住了，因为那就等于承认他听得很清楚，承认他的确是那个被喊的人，承认他也想听从"。然而K还是转身了。正如神甫所讲的"在法的门前"那个故事里，守门人并没有要求乡下人进入法的大门，是乡下人终其一生要进入法的大门。

K对"在法的门前"这个故事的第一反应是守门人欺骗了乡下人。但神甫却提供了另外的解释。神甫说："针对进入法律的许可，故事中包含了守门人所做的两个重要解释，一个在开头，一个在结尾。一处说的是：'现在他不能允许他进入。'另一处是：'这个入口是专门为你而设的。'假如这两个解释之间互相矛盾，那么你就可以说守门人欺骗了那人。"

如果把守门人"现在"不能允许乡下人进入，解释为在"将来"有一天他总会允许乡下人进入，然后这道门还会迎来其他的进入者，那么，乡下人终其一生没有进入法的大门，就是一种欺骗。但是，这种解释与"这个入口是专门为你而设的"这句话矛盾。"专门"的意思是这个门是专属于乡下人一个人的，而并不是什么公共的法的大门。正如乡下人在临死前发现的，在他一生之中，除了他还有别人要求进入这道门。在一个专门为他所设的门前，所谓现在，就是将来，时间已经失去意义，私人时间和公共时间的区分也变得无关紧要，就像那幅基督入墓图里的时间一样。

然而这个故事的寓意还不止于此。神甫还给出了这个故事的另一种解释，那就是受到欺骗的是守门人而不是乡下人。守门人错误地认为乡下人受自己的支配，但很有可能他自己一生被乡下人所支配，因为乡下人除了不能进入大门哪儿都可以去，而守门人由于职责所限却不能离开这道大门；守门人还错误地理解了他的职责，他最后说"现在我要走过去把它关上"，他误以为随着乡下人的死亡，他就可以把那道大门关上，但实际上大门永远是敞开的，并不受乡下人生命长度的影响；最后，守门人背对大门而立，他甚至不能像乡下人那样觉察到大门里射出的光线的变化。神甫的这个解释，也适用于基督入墓图中的骑士。其实我们完全可以把神甫理解为守卫基督的那位骑士，神甫对"在法的门前"这个故事的解释，也是对自己角色的解释。

K接受了神甫提供的这种解释，但他坚持认为，这和乡下人也受骗了并不矛盾："如果守门人被骗了，那么他的错觉就势必会传染给那个人。在这种情况下，这个守门人虽然不是骗子，却如此头脑简单，应该立刻就被免职。"K对守门人的这种理解，可以视为他解雇律师的一个动机。

五 父亲

K从画家提托瑞里那里得知，释放有三种可能：真正的无罪释放，表面上的无罪释放，以及拖延。表面上的无罪释放，这个画家就能办："如果这是你想要的，我就在一张纸上写下证明，证明你无辜。我父亲留给了我这种证明的写法，而且完全无懈可击。"看来厂主就是从画家这里得到了表面上的无罪释放证明，正是厂主把K介绍到画家这里来的。

至于拖延，"是将官司持续保持在最低层的阶段。要达到这一点，被告和协助者必须和法院不断保持接触，尤其是协助者"。商人布罗克得到的是拖延，他的个人诉讼已有五年多了，律师胡德只是他的协助者之一，除此之外，他还聘请了五个小律师，并且正在和第六个洽谈。

至于真正的无罪释放，见多识广的画家告诉K："真正的无罪释放我连一次也没经历过。"

"所以说不曾有过一次无罪释放，"K说，仿佛是在自言自语，在和他的希望说话，"但是这却证实了我原先对法院的看法。也就是说,就这一方面而言,法院也毫无意义。一个刽子手就足以取代整个法院。"

K没有从画家那里寻求"虚假的无罪释放"证明,然后又解雇了律师胡德,放弃了他一直身处其中的"拖延"——他落后于公共时间的手表上的时间,原来是"拖延"的一个证明。他最后的选择是:用刽子手来取代整个法院。显然,基督也是这样做的。

K三十一岁生日的前一天晚上九点钟,两名刽子手来到K的住处。虽然没有得到任何来访的通知,K却"坐在门边一张椅子上","一副在等候客人的样子"。显然,K的私人时间终于赶上了公共时间,拖延结束了。他和刽子手穿着同样的礼服,甚至还戴着一副新手套。这和他在开头被逮捕的时候仅穿着睡衣形成对照。这次,K在刽子手到来之前,就把自己的房间变成了一个公共场所。

在采石场,两个刽子手将屠刀推来让去客套的时候,

> K明白自己有义务抓住这把在他头上晃来晃去的刀子,往自己身上戳下去。但他没有这么做,而是转动着他那仍然自由的脖子,四处张望。他没能彻底证明自己,不能代替政府机关把所有的工作都做了,这样做需要残存的力气,没给他这份力气的那个人要承担最后这件错误的责任。

没有给他这份力气的那个人,是父亲。卡夫卡作品中儿

子对父亲的怨恨是个长久的主题,1912年9月22日晚十点至次日凌晨六点,卡夫卡彻夜未眠,写出《判决》;从9月至次年1月,完成了《失踪者》头七章;1913年5月,《失踪者》的第一章"司炉"出版;11月中旬至12月上旬,又写出《变形记》。卡夫卡曾经设想,将《判决》、《司炉》和《变形记》结集,以《儿子们》为题出版。

当然,还应该提到,卡夫卡1919年11月写的著名的《给父亲的信》。

在《审判》的残稿"检察官"那一章中,卡夫卡写道:

> K看出了自己的弱点,这个弱点的原因也许在于他在这方面的确还有一点孩子气,由于他自己的父亲很年轻时就去世了,他从未体验过父亲的关心,而他早早就离开了家,对于母亲的温柔,他总是倾向于拒绝。

这个无父之子像基督一样被处死了。"像条狗",刽子手最后说——法的大门仍然敞开,无父之子的羞耻长存人间。

附录 | 女儿也是传后人

随着独生子女一代进入婚姻家庭，一些经济发达、财产形态多样的地区发展出一种新的婚姻家庭制度"两头婚"，又称为"并家婚"或"两头走"等。一般说来，夫妻双方都是独生子女的才实行"两头婚"，两家在婚前一般会达成共识：小两口婚后至少要生育两个子女，一个子女随父姓，一个子女随母姓，这样夫妻双方的姓氏都会得到继承；两个家庭也不再通过嫁妆、彩礼这些传统方式在上下代之间传递家产，而是在将来把各自的家产传给随自己姓的孙辈；小两口婚后在男方家庭和女方家庭都有居所，轮流居住，这样双方的长辈可以更多、更方便地参与到孙辈的抚育成长中，同时，也可以对两边的长辈进行同等的孝养。

"两头婚"是一种双直系继嗣的新型家庭，2020年《民法典》"婚姻家庭编"第1045条规定："配偶、父母、子女、兄弟姐妹、祖父母、外祖父母、孙子女、外孙子女为近亲属。配偶、父母、子女和其他共同生活的近亲属为家庭成员。"照此规定，"两头婚"家庭就是一种"配偶、父母、子女、兄弟姐妹、祖父母、外祖父母、孙子女、外孙子女"这些共同生活的近亲属组成的双直系家庭。只不过，在一些实行两头婚的家庭，外祖父母、外孙子女这些称呼都废除了，孙辈将外祖父母也称呼为爷爷奶奶，亲属称谓也从单系偏重变为双系平等了。

"两头婚"家庭出现的经济、社会条件，学术界已经进行了一定的研究，[1] 本文不赘；本文试图把"两头婚"的出现放到一百多年来我国婚姻家庭法从单系偏重到双系平等的历史过程中，以追寻其更深层次的历史文化根源。

一 作为社会契约的单系继嗣

关于单系偏重继嗣，1948 年，费孝通在《生育制度》中提出了一个"社会契约"意义上的解释。费孝通说，既然"人类的生殖是两性的，进入生理抚育时是单系的，由母亲专任，但是为了社会抚育的需要又确立了双系的家庭；从家庭里引申出来的亲属却又成了单系偏重。从双到单，从单

---

[1] 参见赵方杜、杨丽珍，《双系制养老："半招娶"婚姻中家庭养老的选择与风险——基于闽南后村的考察》，《新视野》2020（06），页 115—121；纪芳，《并家模式下的家庭权力重构及其实践逻辑：基于苏南农村的并家经验考察》，《天府新论》2020（01），页 96—102；庄孔韶、张静，《"并家婚"家庭策略的"双系"实践》，《贵州民族研究》2019（03），页 41—45；张欢，《苏南农村的"并家"婚姻模式及其新联合家庭结构》，《西北人口》2019（02），页 119—126；束佳慧，《农村"并家婚"婚居现象研究》，《智库时代》2019（06），页 228—229；李宽、王会，《风险规避与身份维持：苏南农村并家婚居模式》，《当代青年研究》2017（04），页 74—109；班涛，《年轻夫妇"两头走"：乡村家庭权力结构变迁的新现象》，《西北农林科技大学学报》(社会科学版) 2016（02），页 87—92；李永萍、慈勤英，《"两头走"：一种流动性婚居模式及其隐忧——基于对江汉平原 J 村的考察》，《南方人口》2015（04），页 26—34；王会、狄金华，《"两头走"：双独子女婚后家庭居住的新模式》，《中国青年研究》2011（05），页 9—12，30。

到双，又从双到单"，[2]那么，人类既可以按照生殖或/和社会抚育的双系性建立双系社会继替制度，也可以按照生理抚育或/和亲属制度的单系性确定单系社会继替原则。那为什么大部分已知的社会继替制度还是建立在单系亲属制度上的呢？

费孝通认为，双系继替遇到的第一个困难是社会地位、身份的不可分割。不可能从父母双方各分得一半的社会地位，又合并为完整的一个。在财产继承上，动产可以双系继承，而不动产的双系继承则会遇到很大的麻烦。比如，从父亲这边继承半间住宅，又从母亲这边继承半间住宅，两个半间的住宅不可能凑合到一起使用。下一代再如此双系继承，甚至会出现一个人拥有四处四分之一间住宅的情形，更加不堪使用。农业社会中的田产如果也是这样双系继承，"每家的农场会零星细碎到不可设想的地步，甚至可以使农业无法进行。……为便利起见，最好是由婚姻配偶一方面不必带财产过来，若是全社会都一律如此，不是等于大家分一半又受一半么？这个简单的办法就是继替中的单系原则"。[3]

如果每一个家庭都生育一儿一女，那么无论继承采用父系继替，从而婚姻采用妻从夫居（女到男家），还是继承采用母系继替，从而婚姻采用夫从妻居（男到女家），一个宏观上公平的单系继替的社会契约，对每一个家庭也是公平的。但是每个家庭都生育一儿一女不是一个现实的假设，从

---

[2] 费孝通，《乡土中国·生育制度》，北京大学出版社，1998，页241。
[3] 同上，页241—242。

而社会层面的公平和个体家庭层面的公平并不一致;但即便能够通过某种生育控制或生育技术做到每个家庭都生育一儿一女,每个家庭的公平和每一个男女个体的公平也并不一致。

在男女个体层面,"在父系社会中,女子的权利并不从抚育她的父母手上得来,而须向她的配偶的家中去承继"。[4]这样一来,社会继替中的单系原则和家庭抚育中的双系原则必然发生冲突。女性从甲家得到抚育,却离开甲家去抚育乙家的后代,并赡养乙的父母,这必然会使甲家产生"嫁出去的女、泼出去的水"的想法,导致甲家对女儿抚育的动力不足;从乙家的角度看,媳妇本不是乙家抚育长大的,和乙家本无感情,却要继承乙家的家业,自然也会产生排斥的心理;从女性自己的角度看,抚育自己的和自己要赡养的并非同一对象,只抚育自己的后代、不赡养丈夫的父母会成为从夫居女性的个体最优策略。[5]

据费孝通的观察,为了缓和单系社会继替和双系家庭抚育的冲突,中国传统社会中也发明了一些补救性的做法,如女儿结婚时从父母那里得到的嫁妆:"农村中固然很少把土地陪嫁给女儿的,但是市镇上的离地地主,在不受土地经营的限制时,土地也时常是嫁奁的一部分。"[6]另一个证据是贾宝玉—林黛玉式的姑表婚。"在江村通行一种中表婚姻,甲家把

---

[4] 费孝通,《乡土中国·生育制度》,页243。
[5] 参见郑丹丹、狄金华,《女性家庭权力、夫妻关系与家庭代际资源分配》,《社会学研究》2017(01),页175—196,249。
[6] 费孝通,《乡土中国·生育制度》,页244。

女儿嫁到乙家,等女儿生了女儿重又嫁到甲家去。甲家的财产和特权固然并没有传给他的女儿。可是却传给了他们女儿的女儿。这是隔代母系继替。"[7] 也就是说,贾宝玉—林黛玉式的姑表婚,从婚姻制度看属于父方交叉表亲婚,是汉人所实行的普遍外婚制中的内婚制例外;而从继承制度看,则属于隔代母系继替,是父系继替中的母系继替补充。

陪嫁土地当然只能是有地阶级的做法。对于穷人来说,缓和单系社会继替和双系家庭抚育之间冲突的一个常用的选择是"童养媳"。"童养媳"是一种穷人的婚姻制度。"多数父母通常是由于经济原因而这么做的:女方家庭可以避免抚养女儿的费用;男方则可以避免高额聘礼和婚礼费用。"[8] 从费孝通的理论看,童养媳是在一个外婚制社会中,将被排除在父族单系继替范围内的妇女,提前纳入夫族双系抚育内的制度安排,也是为了缓和单系继替与双系抚育间的矛盾。

二　亲属范围从单系偏重到双系平等

这种实行三千年的单系偏重的"社会契约",从清末变法运动起开始了向彻底双系化的改变。1911年,清廷修订法律馆起草的《大清民律草案》"亲属编"第1317条规定:"本律称亲属者如下:一、四亲等内之宗亲;二、夫妻;三、三亲等内之外亲;四、二亲等内之妻亲。父族为宗亲,母族及

---

[7] 费孝通,《乡土中国·生育制度》,页246。
[8] 李中清、王丰,《人类的四分之一:马尔萨斯的神话与中国的现实(1700—2000)》,页110。

姑与女之夫族为外亲，妻族为妻亲。"将这一条与2020年《民法典》"婚姻家庭编"第1045条放在一起比较一下就会发现，一百多年来，我国家庭法法定亲属中"血亲"的范围从"单系偏重"到"双系平等"的变迁已经完成。

具体说来，按《大清民律草案》的规定，就直系血亲而论，按西方教会法的亲等计算方式，[9]父族四亲等内（上到高祖父母，下及玄孙子女）为宗亲，母族只上及三亲等（到母之祖父母）；而女之子（外孙，二亲等）、女之孙（三亲等）属女之夫族，算外亲；就旁系血亲而论，父族四亲等内（上到曾伯叔祖父母、曾祖姑，下及侄曾孙、侄曾孙女，同辈到族兄弟姐妹），属于四亲等内宗亲，而母族只有三亲等内之母之兄弟姊妹（舅、姨）、母舅之子（舅表兄弟）、母姨之子（姨表兄弟）、母舅之孙、母姨之孙、堂舅之子、堂姨之子为亲属；姑之子（姑表兄弟，二亲等）、姑之孙（三亲等）属姑之夫族，算外亲。按《民法典》的规定，直系血亲不再区分父族和母族，直系血亲三亲等内（上及祖父母、外祖父母，下到孙子女、外孙子女）均为近亲属。

---

[9]《大清民律草案》第1318条："亲等者，直系亲从己身上下数，以一世为一亲等，旁系亲从己身或妻，数至同源之祖若父。并从所指之亲属，数至同源之祖若父，其世数相同，即用一方之世数；不相同，从其多者以定亲等。"这是西方教会法的亲等计算方式。

表1 《大清民律草案》宗亲亲等表[10]

高祖父母4				
曾祖父母3				曾伯叔祖父母、曾祖姑4
祖父母2			伯叔祖父母、祖姑3	族伯叔祖父母、族祖姑4
父母1		伯叔父母、姑大功2	堂伯叔父母、堂姑3	族伯叔父母、族姑4
己身、妻	兄弟、兄弟妻、姊妹1	堂兄弟、堂兄弟妻、堂姊妹2	再从兄弟、再从兄弟妇、再从姊妹3	族兄弟、族兄弟妻、族姊妹4
子、妇、女1	侄、侄妇、侄女2	堂侄、堂侄妇、堂侄女3	再从侄、再从侄妇、再从侄女4	
孙、孙妇、孙女2	侄孙、侄孙妇、侄孙女3	堂侄孙、堂侄孙妇、堂侄孙女4		
曾孙、曾孙妇、曾孙女3	侄曾孙、侄曾孙妇、侄曾孙女4			
元孙、元孙妇、元孙女4				

1926年北洋政府的《民国民律草案》第1055条规定的亲属范围与《大清民律草案》第1317条相同，也是单系偏重的。

---

[10] 摘自黄源盛编，《晚清民国民法史料辑注（一）》，梨斋社有限公司，2014，页465。表中阿拉伯数字为亲等数。

1911年《大清民律草案》没有颁布施行，清室就覆亡了。1912年4月3日参议院议决："嗣后凡关于民事案件，仍应照前清现行律中规定各条办理。"[11]"现行律"指清政府修订《大清律例》并于1910年至1911年颁行的《大清现行刑律》。《大清现行刑律》中服制图、服制、名例、户役、田宅、婚姻、犯奸、斗殴、钱债这些"民事有效部分"，连同《户部则例》中户口之民人继嗣等项，共同构成"现行律民事有效部分"，一直施行到1929年至1930年《中华民国民法典》各编颁布施行后才废止。北洋政府大理院八年上字第八三二号裁判要旨云："民国民律未颁布以前，现行律关于民事规定除与国体有抵触者外，当然继续有效。"[12]

表2 《大清民律草案》外亲亲等表[13]

母祖父母3				
外伯叔祖父母	外祖父母2		祖父母	
母之堂兄弟姊妹	母之兄弟姊妹2	母	父	姑
堂舅之子、堂姨之子3	母舅之子、母姨之子2	己身		姑之子2
	母舅之孙、母姨之孙3	女		姑之孙3
		女之子2		
		女之孙3		

---

[11] 摘自黄源盛编，《晚清民国民法史料辑注（一）》，页4。
[12] 段晓彦，《刑民之间："现行律民事有效部分"研究》，中国法制出版社，2019，页189。
[13] 摘自黄源盛编，《晚清民国民法史料辑注（一）》，页466。表中阿拉伯数字为亲等数，未标数字者非外亲。

表3列举的大理院裁判，1至3号涉及禁婚范围，4至7号涉及宗祧继承，裁判要旨内虽有"血统""血系"等语，但其意仍指我国传统父系五服宗法制，所谓"血统""血系"仅指父系"血统""血系"，并不包括母系之"血统""血系"。[14]"现行律民事有效部分"服制图包含"本宗九族五服正服之图""外亲服图"和"妻亲服图"，如果换算为西方教会法上之亲等，父族无论直旁，四亲等内都为亲属，而母族只有二亲等内，比如母之父母——外祖父母算亲属，而按《大清民律草案》，母之祖父母也算亲属，外亲范围扩大了一亲等，虽然都是单系偏重，但外亲范围扩大，也是一种双系平等化的表现。

表3　大理院裁判要旨举例[15]

编号	案号	裁判要旨
1	三年上字 第五九六号	现行律载"凡娶同宗无服之亲，或无服亲之妻者，各处罚"等语，律意所在，盖无非重伦序，而防血系之紊乱。故同宗无服之解释，不拘于支派之远近、籍贯之异同，但使有谱系可考其尊卑长幼之名分者，于法既不能不谓为同宗，而禁其相互间婚姻之成立。
2	四年上字 第一一七四号	现行律载"凡娶同宗无服之亲及无服亲之妻者，各处罚"。是但使其人已为同宗亲之妻，即无论其亲或为小功，或属缌麻，又或推而至于无服，依法均不许娶。

---

[14] 关于中西分别从"体"和"血"不同角度理解亲属关系，参见吴飞，《郑玄"礼者体也"释义》，《励耘语言学刊》2020（01），页42—55。
[15] 摘自段晓彦，《刑民之间："现行律民事有效部分"研究》，页189—232，表12：大理院民事裁判关涉"现行律民事有效部分"判例要旨汇整表。

续表

编号	案号	裁判要旨
3	四年上字第二四〇一号	现行律"内凡娶同宗无服之亲及无服亲之妻者,各处罚。若娶缌麻亲之妻及舅甥,各徒一年。小功以上,各以奸论。其曾被出及已改嫁而娶为妻妾者,各处罚"等语,是同宗亲之妻依法均不许娶,至曾否被出及有无改嫁情事,原非所问,明文规定,意极显然。
4	四年上字第一二七一号	现行律例有异姓不得乱宗之明文,故从前旧谱若将异姓之子与血统之子显为区别者,自不得轻改其例,以紊乱血统。
5	四年上字第一九三九号	我国家族旧制注重血统,故凡乞养异姓义子以乱宗族者,现行律甚为严禁。即收养三岁以下者,虽依律得从其姓,而不得立以为嗣,即不能与有血统关系之同宗亲为一体。族长在现行法上应以何种资格充当,虽无明文规定,而按之现行律意,为维系宗系,弗使紊乱起见,自非异姓子之后人所能充当。
6	四年上字第一六八号	现行律载"招婿养老者,仍立同宗者一人承奉祭祀,家产均分。如未立继身死,从族长依例议"。立此项条例系为贯彻不许异姓乱宗之精神而设,亦当然属于强行法。
7	八年上字第二一九号	现行律例无子立嗣不得紊乱昭穆伦序之规定,原为保护公益而设,应属强行法规,其与此项法规相反之习惯,当然不能有法之效力。

附录 | 女儿也是传后人

表4 最高法院、司法部1953年对"五代内旁系血亲"范围的解释[16]

外高祖父母					高祖父母			
外曾祖父母之兄弟姊妹	外曾祖父母				曾祖父母			曾祖父母之兄弟姊妹
外曾祖父母之兄弟姊妹之子女	外祖父母之兄弟姊妹	外祖父母			祖父母		祖父母之兄弟姊妹	曾祖父母之兄弟姊妹之子女
外曾祖父母之兄弟姊妹之孙子女	外祖父母之兄弟姊妹之子女	母之兄弟姊妹	母		父	父之兄弟姊妹	祖父母之兄弟姊妹之孙子女	曾祖父母之兄弟姊妹之孙子女
外曾祖父母之兄弟姊妹之曾孙子女	外祖父母之兄弟姊妹之孙子女	母之兄弟姊妹之子女	兄弟姊妹	己	兄弟姊妹	父之兄弟姊妹	祖父母之兄弟姊妹之孙子女	曾祖父母之兄弟姊妹之曾孙子女
	外祖父母之兄弟姊妹之曾孙子女	母之兄弟姊妹之孙子女	兄弟姊妹之子女	子女	兄弟姊妹之子女	父之兄弟姊妹之孙子女	祖父母之兄弟姊妹之曾孙子女	

---

[16] 参见《最高人民法院、司法部关于"五代内"的解释的复函》(1953年3月7日发布,已失效)。

续表

母之兄弟姊妹之曾孙子女	兄弟姊妹之孙子女	孙子女	兄弟姊妹之孙子女	父之兄弟姊妹之曾孙子女		
		兄弟姊妹之曾孙子女	曾孙子女	兄弟姊妹之曾孙子女		
			元孙子女			

我国亲属制度的决定性双系化始于1930年《中华民国民法典》。其第967条规定:"称直系血亲者,谓己身所从出或从己身所出之血亲。称旁系血亲者,谓非直系血亲,而与己身出于同源之血亲。"第968条规定:"血亲亲等之计算,直系血亲,从己身上下数,以一世为一亲等;旁系血亲,从己身数至同源之直系血亲,再由同源之直系血亲,数至与之计算亲等之血亲,以其总世数为亲等之数。"这是按照罗马法的亲等计算方式计算亲等,且无论直系血亲还是旁系血亲,都不再区分宗亲和外亲,血亲既包括父族之"血"亲,也包括母族之"血"亲,也即不再是单系(父系)偏重,而是双系平等了。

《中华民国民法典》没有直接规定亲属范围,但在禁婚范围上,规定旁系血亲在八亲等以内者不得结婚,表兄弟姐妹除外,表明此时禁婚范围只限于父方平行旁系血亲即堂兄弟姐妹,姑舅姨表兄弟姐妹仍可结婚,并没有完全双系化;

中华人民共和国1950年《婚姻法》规定"五代内的旁系血亲间禁止结婚的问题，从习惯"，虽然最高法院、司法部1953年对"五代内旁系血亲"范围的解释是包含父母两系五代（表4），但众所周知，民间习惯上并不禁止姑舅姨表兄弟姐妹婚，[17]所以这一禁婚范围实际上依然是单系偏重的。直到1980年《婚姻法》通过将旁系血亲的禁婚范围不论堂表都缩小到三代以内，禁婚范围才实现了完全的双系化。

三 财产继承与姓氏传承的双系化

如前所述，费孝通主要是在农业社会的基础上建立其单系继替的社会契约理论的。他认为，中国传统农业社会以土地不动产为主要财产形式，以男性体力劳动为主要财产积累方式。由于不动产的不易分割和男性的主导地位，中国传统上采用了父系继替的社会制度，即男子从自己的父母那里继承财产，但女子并不从抚育她的父母那里，而是到她的丈夫家里继承财产。婚居模式上表现为子从父居和妻从夫居。为了缓和女子在此单系继替体系中的不利地位，又发明出嫁妆等家产传递方式，以及中表婚、童养媳等非主流的婚姻制度加以弥缝。

在他提出这个理论时，亲属制度的双系化改革在中国已经开始了。1930年《中华民国民法典》废除了实行数千年的宗祧继承，宗祧继承不再是遗产继承的前提；不继承父亲身

---

[17] 参见秦兆雄，《中国农村表婚研究再考》，《社会科学》2006（02），页88—97。

份的女儿，也和父母的其他"直系血亲卑亲属"（1138条）一起"按人数平均继承"（1141条）遗产。这实际上是让女子无论出嫁与否，都从自己的父母那里继承财产，也就是社会契约从单系继替变为双系继替。

但是，在农业社会还没有变为工商业社会，财产还没有获得高度可分性，人员也没有获得高度流动性的时代和地方，变单系继替为双系继替会遇到系统性的困难。除了费孝通曾经提到的土地房屋等不动产难以分割等所有双系继替都面临的普遍困难外，在中国传统的家产制下女儿的平等继承权还会遇到特殊的困难。中国家产制下代际财产分割普遍采用多轮多次分家制，即多子家庭每一个儿子结婚后都会分一次家，结婚时男方家庭给女方家庭的彩礼，在很多情况下至少有部分也会变为女方的陪嫁回流到子代小家庭，[18]也可视为一种广义的分家。这和个人财产制下在财产所有者死亡这个时刻一次性进行代际财产传递非常不同。这意味着，要在中国实现女儿的平等继承权，只能是或者废除分家制，变家产制为个人财产制，从而使子、女在父、母死亡的时刻获得平等继承；或者改变妻从夫居、子从父居的居处制度，所有子女一起参与家产的多轮多次分割。民国立法者想走的是第一条路，他们把中国的家产制视为父亲的个人财产制，这样一来，"财产所有者在生前以赠与为手段继续传统的分家惯行得到了法律上的许可。一个父亲只要在生前分掉自己的财

---

[18] 即人类学家所谓"间接嫁妆"，参见 Jack Goody & Stanley Jeyaraja Tambiah, *Bridewealth and Dowry*, Cambridge: Cambridge University Press, 1973, p. 20。

产就可以剥夺他女儿的继承权"。[19]女儿的平等继承权就是这样被规避掉了。

在夫妻平等继承方面,《中华民国民法典》第1144条规定"配偶有相互继承遗产之权"。具体安排为:一、与第一顺序继承人(配偶的直系血亲卑亲属)同为继承时,其应继分与他继承人平均;二、与第二顺序(配偶的父母)或第三顺序继承人(配偶的兄弟姊妹)同为继承时,其应继分为遗产二分之一;三、与第四顺序继承人(配偶的祖父母)同为继承时,其应继分为遗产三分之二;四、无第一顺序至第四顺序继承人时,其应继分为遗产全部。表面上看,夫继承妻的遗产和妻继承夫的遗产都按照相同的规则进行,夫妻平等。但在一个女子婚后加入夫家、在夫家获得家产的社会中,现实中最多出现的是第一种情况,即妻与夫的其他直系血亲卑亲属平分遗产,和第四种情况,丈夫无第一顺序至第四顺序继承人时,妻子继承全部遗产。妻子去世后,丈夫与妻子的父母、兄弟姐妹、祖父母一起分割妻子的遗产,只有在赘婿(上门女婿)身上出现。

在中国传统的父系家产制下,"妻承夫分",[20]寡妇在丈夫死后,拥有夫家所有财产或部分财产的监护权(比如《红楼梦》中的贾母、薛姨妈这种情况)。但这种财产监护权却被《中华民国民法典》第1144条剥夺了。"一旦她的丈夫死去,不论她的愿望如何,她亡夫的财产分给了他所有的继承

---

[19] 白凯,《中国的妇女与财产:960—1949年》,页183。
[20] 滋贺秀三,《中国家族法原理》,页335—340。

人。她不再能通过立继来确保她对财产的控制。确实,立法者们也给予寡妻一份她丈夫的财产,但她在财产继承上的这一所得是以她丧失对丈夫的所有财产的监护权为代价的。"[21]《中华民国民法典》还废除了宗祧继承。这对寡媳(如《红楼梦》中的李纨)、寡妾的负面影响更大,"她们在监护权上的损失无法从对丈夫财产的继承权上得到弥补"。[22] 因为寡媳、寡妾的财产监护权是从其宗法身份得来的,此时皮之不存,毛将焉附?

费孝通在讨论双系继替时,曾提及姓氏的继承。[23] 1930年《中华民国民法典》推行财产继承的双系化时,还是保留了"子女从父姓"(第1059条)这一父系身份继承制度,同时规定"妻以其本姓冠以夫姓,赘夫以其本姓冠以妻姓。但当事人另有订定者,不在此限"(第1000条)。

以上两条,在当时立法过程中,引起舆论争议的是"妻以其本姓冠以夫姓"。[24] 大部分论者将此问题指向男女个体平等,却忽略了妻子的姓也来自其父之姓。在子女从父姓的情况下,妻冠夫姓其实是妻冠夫之父姓,是妻带着自己的父姓加入夫家之父系继替的标志,是中国单系偏重社会契约的一部分。

直到1950年,中华人民共和国《婚姻法》废除了妻冠夫姓,规定"夫妻有各用自己姓名的权利"(第11条),彻

---

[21] 白凯,《中国的妇女与财产:960—1949年》,页183。
[22] 同上。
[23] 费孝通,《乡土中国·生育制度》,页244。
[24] Margaret Kuo, *Intolerable Cruelty: Marriage, Law, and Society in Early Twentieth-Century China*, Rowman & Little field Publishers, 2012, ch. 3.

底废除了这一单系偏重社会契约的标志。1980年《婚姻法》规定"子女可以随父姓,也可以随母姓"。2014年全国人大常委会关于姓名权的解释[25]则认为:"公民原则上应当随父姓或者母姓",其理由为:"在中华传统文化中,'姓名'中的'姓',即姓氏,体现着血缘传承、伦理秩序和文化传统,公民选取姓氏涉及公序良俗。公民原则上随父姓或者母姓符合中华传统文化和伦理观念,符合绝大多数公民的意愿和实际做法。"也就是在姓氏嗣续上采用单系、双系或两可继嗣制都是允许的。该解释还规定公民"可以在父姓和母姓之外选取姓氏",比如"选取其他直系长辈血亲的姓氏"。其他直系长辈血亲除了祖父、外祖父(一般是父姓和母姓的来源),还包括祖母、外祖母,这一规定的意义更为重大,因为对祖母、外祖母来说,即使自己的子女没有继承自己的姓氏,该姓氏也可以跨代传承给孙辈、外孙辈。

四 亲亲、尊尊与出入

2014年全国人大常委会关于姓名权的解释可以用一句话概括,那就是,在姓氏继承问题上女儿也是传后人。母亲可以把自己的姓氏传递给子女,祖母、外祖母可以将自己的姓

---

[25]《全国人民代表大会常务委员会关于〈中华人民共和国民法通则〉第九十九条第一款、〈中华人民共和国婚姻法〉第二十二条的解释》(2014年11月1日第十二届全国人民代表大会常务委员会第十一次会议通过)。该立法解释出台的背景,参见蔡小雪,《因起名引起的立法解释:"北雁云依"诉济南市公安局历下区分局燕山派出所户籍行政登记请示案》,《审判业务专家是怎样炼成的》,法律出版社,2017,页157—169。此立法解释已纳入2020年《民法典》1015条。

氏跨代传递给孙辈、外孙辈。但是,这一点是否符合中国的伦理秩序和文化传统呢?我们可以从《仪礼·丧服》经传所表达的宗法制原理出发,深入探讨之。

(一)亲亲与尊尊

丧服包括本服和成服。《礼记·丧服小记》云:"亲亲以三为五,以五为九。上杀、下杀、旁杀,而亲毕矣。"可见,本服的原则是亲亲和差序格局。[26]

表5中这个从己身向上下左右扩展的差序格局的核心是父子、夫妻、昆弟三种基本关系。《仪礼·丧服》曰:"世父母、叔父母。"《传》曰:"父子一体也,夫妻一体也,昆弟一体也,故父子首足也,夫妻牉合也,昆弟四体也。"父子、夫妻、昆弟[27]都是"至亲",按"至亲以期断"[28]的原则,父子(父女)、夫妻、昆弟互相之间本服都服期。

夫妻牉合是合二体为一体,而父子是首足,昆弟是四体,首足四体才是真正的一体,不像牉合的一体可以分离。在这个身体的比喻中,"首"显然是最重要的,极而言之,四体断其一甚至全断,人依然可以存活,但脑袋掉了人就真没了。所以在父子、昆弟关系中,父子关系是第一位的,昆弟关系是第二位的。若要在每一代中都强化父子

---

[26] 参见吴飞,《从丧服制度看"差序格局":对一个经典概念的再反思》,《开放时代》2011(01),页112—122;周飞舟,《差序格局和伦理本位:从丧服制度看中国社会结构的基本原则》,《社会》2015(01),页26—48。
[27]《仪礼·丧服》曰:"昆弟。"郑玄注:"'昆',兄也,为姊妹在室亦如之。"即言昆弟含在室姊妹在内。
[28]《礼记·三年问》:"然则何以至期也?曰:至亲以期断。"

关系，则上一代的昆弟关系要避让下一代的父子关系。《仪礼·丧服》曰："世父母、叔父母。"《传》曰："故昆弟之义无分，然而有分者，则辟子之私也。子不私其父，则不成为子。"也就是说，昆弟本来可以亲密无间，"不独亲其亲，不独子其子"，但这样一来，昆弟一体的原则就超越了父子一体的原则。"子不私其父，则不成为子"的意思是，只有昆弟们"各亲其亲，各子其子"，让父子一体的原则超越昆弟一体的原则，才能同时将这两个原则原封不动地一代代复制下去。因为横向的昆弟关系本质上是空间性的，总有断绝之处；只有纵向的父子关系是时间性的，可以一代代无限向下复制。[29] 让父子关系超越昆弟关系，实际上是让时间上的亲亲超越空间的亲亲，让无限的亲亲超越有限的亲亲。

表 5 父族本服表[30]

高祖父母缌麻 4				
曾祖父母小功 3				族曾祖父、姑缌麻 4
祖父母大功 2		从祖祖父、姑小功 3	族祖父、姑缌麻 4
父母期 1		世叔父、姑大功 2	从祖父、姑小功 3	族父、姑缌麻 4
（己身）	昆弟期 1	从父昆弟大功 2	从祖昆弟小功 3	族昆弟缌麻 4

[29] 昆弟一体作为继承原则的"兄终弟及"制，在最小的弟弟继承之后就走到尽头，而必须求助于其他原则；用父子一体作为继承原则的"父死子继"制就没有这个问题。
[30] 采自周飞舟、李代，《服术中的"亲亲"与"父为子纲"》，表 3：同族本服表，见吴飞编，《神圣的家：在中西文明的比较视野下》，宗教文化出版社，2014，页 97—103。表中阿拉伯数字为按教会法计算的亲等数。

续表

子期 1	昆弟之子大功 2	从父昆弟之子小功 3	从祖昆弟之子缌麻 4
孙大功 2	昆弟之孙小功 3	从父昆弟之孙缌麻 4	
曾孙小功 3	昆弟之曾孙缌麻 4		
玄孙缌麻 4			

要让父子一体的原则超过昆弟一体的原则,"亲亲"原则之外必定出现"尊尊"原则;这就是"尊尊"的出发点:"父至尊也。"但"尊尊"在丧服制度中不限于子对父,在父、子都是嫡长子的情况下,如子先殁于父,父对此子也要服斩衰三年。《仪礼·丧服》曰:"父为长子。"《传》曰:"何以三年也?正体于上,又乃将所传重也。庶子不得为长子三年,不继祖也。"对于本身是嫡长子的父亲来说,他的嫡长子不光是自己的体,还是自己唯一的"正体"(嫡妻所生第一子),这个唯一的正体不光要传父,而且也要传父所传之"重",就是父从自己的父那里继承来的那个宗庙主的地位。每代嫡长子,就不光要"接代",还要"传宗"。而庶子只接代,不传宗,也就不为自己的嫡长子服斩;作为嫡长子的父为自己的嫡长子服斩衰三年,遵循的已经不是"父权制"的原则,而是"宗法制"的原则了。

父权制以父权为原则,而宗法制以宗的延续为原则;宗法制下父的至尊不是为尊而尊,而是为宗而尊。每一代子都将成为父,每一代父也都曾经是子。嫡长子是父的延续,也是父之父的延续。父在嫡长子身上不光看到己,还看到自己的父。所以为死在自己前面的嫡长子痛哭,也就是为死在自己前面的父痛哭,也是为自己痛哭。父子轴就是时间轴。每个父、每个子都是那无尽的线上的一个点,而这无尽的线,正由这无穷的点构成。

为了描粗这条线,一系列连锁反应发生了。首先,因为"父至尊也",父对庶子、女子子的本服以尊"降其本服",从期降到大功,又"报其加隆",从大功加隆为期,这一减一加,最后的成服还是期;而对嫡子却不敢"降其本服",仍要"报其加隆",这不减还加,最后的成服是斩衰。"父为长子"服斩衰的理由不可能是父权制,而只能是宗法制。在宗法制中,作为嫡长子的父与作为嫡长子的子之间的那条线加粗了。[31]

又比如,孙对祖父本服大功,因祖父是"父之至尊",基于"与父一体",父对其父加一等服,孙对祖父也加一等服——从本服大功加到期。[32]对这一加隆,祖都要报,但对庶孙、孙女,祖因已是其父至尊而降其本服(从大功降到小功),对嫡孙却不敢降其本服,仍要报其加隆,这不减还加,最后的成服是期。《仪礼·丧服》曰:"嫡孙。"《传》曰:"何以期也?不敢降其嫡也。有嫡子者,无嫡孙。"在嫡子已不在的场合,祖与嫡孙之间那条宗法制的线也加粗了。

---

[31] 参见张锡恭,《正尊降服篇》,张锡恭撰,《丧服郑氏学》,吴飞点校,上海书店出版社,2017,页402—404。
[32] 张锡恭撰,《丧服郑氏学》,页356。

表6 正尊降服举例[33]

	直系卑属为尊亲			直系尊亲为卑属			
	本服	加隆理由	成服	本服	降其本服？	报其加隆？	成服
嫡子	期	父至尊也	斩衰	期	不敢降	报	斩衰
庶子、女子子	期	父至尊也	斩衰	期	以尊降	报	期
嫡孙	大功	与父一体	期	大功	不敢降	报	期
庶孙、孙女	大功	与父一体	期	大功	以尊降	报	大功

将"亲亲""尊尊"的原则贯彻到父族旁系亲属中，最后形成的就是表7：父族成服表。从先秦到明清，历代服制虽然多有变更，[34]但"亲亲""尊尊"的总原则却贯彻始终。

表7 父族成服表[35]

高祖父齐衰三月				
曾祖父齐衰三月				族曾祖父缌麻
祖父期			从祖祖父小功	族祖父缌麻
父斩衰		世叔父期	从祖父小功	族父缌麻
（己身）	昆弟期	从父昆弟大功	从祖昆弟小功	族昆弟缌麻
嫡子斩/庶子、女子子期	昆弟之子期	从父昆弟之子小功	从祖昆弟之子缌麻	
嫡孙期/庶孙、孙女大功	昆弟之孙小功	从父昆弟之孙缌麻		

---

[33] 采自周飞舟，《慈孝一体：论差序格局的"核心层"》，《学海》2019（02），页11—20，表3：卑属对正尊所施服与受服的制服过程及其关系。
[34] 参见丁凌华，《五服制度与传统法律》，商务印书馆，2013，第三章。
[35] 采自周飞舟、李代，《服术中的"亲亲"与"父为子纲"》，表2：同族服表，见吴飞编，《神圣的家：在中西文明的比较视野下》，页97—103。

续表

曾孙缌麻	昆弟之曾孙缌麻			
玄孙缌麻				

（二）出入

以上讨论中，女子子与庶子地位相同，但女子子还有出嫁问题。那么，女子子出入会引起她宗法地位上的什么变化？

女子子在室为父服斩衰。《仪礼·丧服》曰："斩衰。……女子子在室为父。"郑玄注："言'在室'者，谓已许嫁。"即女子子即使已许嫁，其地位也和兄弟们没有区别。女子子适人者，因出而为父降服期。《仪礼·丧服》曰："齐衰不杖期。……女子子适人者为其父母。"《传》曰："为父何以期也？妇人不贰斩也。妇人不贰斩者何也？妇人有三从之义，无专用之道，故未嫁从父，既嫁从夫，夫死从子。故父者子之天也，夫者妻之天也。妇人不贰斩者，犹曰不贰天也，妇人不能贰尊也。"

女子子嫁又反在父之室，对父恢复服斩衰。《仪礼·丧服》曰："斩衰。……子嫁，反在父之室，为父三年。"

女子子在室时，因为"父至尊也"而将为父之服从本服期加隆为斩衰，这和其他兄弟都是相同的。只有在适人后，才将对父的斩服，改为对夫的斩服，此时对父恢复本服期。这时她的至尊不是父，而是夫。女子子出入引起的只是至尊的改移，而不是父宗的断绝；"尊尊"的方向从父转向夫，但与父的"亲亲"之道仍在。在她被夫所出又反在父之室后,对父之服又恢复为斩衰。

再看父为女子子之服。女子子在室和嫁又反在父之室,父都因己尊而将对女子子的本服从期降为大功,但又要报其加隆,又将大功加为期。这也符合"正尊降服"的原则:降其本服,报其加隆。对女子子适人者,父则因其出而对其降服大功。

表8 女子子出入降服

	女子子为父			父为女子子		
	本服	加隆理由	成服	本服	降其本服	报其加隆	成服
女子子在室	期	父至尊也	斩衰	期	以尊降	报	期
女子子适人者	期	无	期	期	以出降	不报	大功
女子子适人无主者	期	无	期	期	虽出不降	不报	期
女子子嫁又反在父之室	期	父至尊也	斩衰	期	以尊降	报	期

对昆弟,女子子在室按照"至亲以期断"的原则服本服期,适人后两相都因出而降服大功。《仪礼·丧服》曰:"大功。……姑、姊妹、女子子适人者。"《传》曰:"何以大功也?出也。"《仪礼·丧服》曰:"大功。……女子子适人者为众昆弟。"但在以下两种情况下,出嫁也不构成降服的理由。

一是父没之后,女子子适人者对昆弟之为父后者服期。《仪礼·丧服》曰:"齐衰不杖期。……女子子适人者为其父母、昆弟之为父后者。"《传》曰："为昆弟之为父后者，何以亦期也？妇人虽在外，必有归宗，曰小宗，故服期也。"郑玄注："归宗者，父虽卒，犹自归宗，其为父后持重者，不自绝于其族类也。"父卒之后，女子子适人者为其他昆弟仍因出而降服大功，但对昆弟之为父后者却虽出不降，服本服期。这就体现出宗法制而非父权制的原则：父虽卒而宗犹在；这时，昆弟为父后者为女子子适人者仍按出降原则服大功，如同父在时为女子子适人者降服大功，宗法制的原则不因父卒而消失。

二是夫、子皆没无祭主的情况下，《仪礼·丧服》曰："姑、姊妹、女子子适人无主者，姑、姊妹报。"《传》曰："无主者，谓其无祭主者也。何以期也？为其无祭主故也。"郑玄注："无主后者，人之所哀怜，不忍降之。"又《传》曰："何以言'唯子不报'也？女子子适人者为其父母期，故言不报也。"意思是，昆弟为姊妹适人者因出降服大功，而在姊妹夫、子皆没无祭主的情况下，因哀怜而不忍对其降服大功而服本服期，反过来适人无主的姊妹也要对昆弟服期，这是报服。但父为女子子适人无主者服期，不是出于报服，因为女子子适人者对父本来就服期。父为女子子适人无主者服期只能理解为，在女儿夫、子皆没，无主亦无后的情况下，父对其虽出不降，不忍因其出而降服。

这说明，相比尊降，女子子出降只是一个相对的降服理由。妇人"未嫁从父，既嫁从夫"，妇人不贰尊，出嫁之后至尊从父转为夫。女子子未嫁时为父服斩，为昆弟服期；既嫁后为夫服斩，为父服本服期，为昆弟因出降服大功；父卒之后，对昆弟之为父后者虽出不降服本服期；夫、子皆没无祭主，也是虽出不降，父、昆弟与她两相服本服期。也就是说，在任何情况下，她在父族都有一体的至亲（期亲）可以依靠。夫、子皆没，也有娘家可回。

表9　姊妹昆弟相为服

	姊妹为昆弟			姊妹为昆弟之为父后者			昆弟为姊妹			昆弟之为父后者为姊妹		
	本服	出入	成服	本服	出入	成服	本服	出入	成服	本服	出入	成服
姊妹在室	期	不出不降	期	期	不出不降	期	期	不出不降	期	期	不出不降	期
姊妹适人者	期	出降	大功	期	虽出不降	期	期	出降	大功	期	出降	大功
姊妹适人无主者	期	虽出不降	期	期	虽出不降	期	期	虽出不降	期	期	虽出不降	期
姊妹嫁又反在父之室	期	不出不降	期	期	不出不降	期	期	不出不降	期	期	不出不降	期

除了永远有娘家可回，以上安排还表明，女子子出嫁只是改宗，而非绝宗。《仪礼·丧服》《传》曰："妇人虽在外，必有归宗，曰小宗。"郑玄注："曰小宗者，言是乃小宗也。……小宗有四，丈夫妇人之为小宗，各如其亲之服。"她在父家的宗法地位可以存而不用，但绝不断绝。这也是宗法制的原理，而非父权制的原理。

五　结论：女儿也是传后人

《礼记·大传》云："服术有六：一曰亲亲，二曰尊尊，三曰名，四曰出入，五曰长幼，六曰从服。"这六项服术，只有妇人的出入改宗会造成单系偏重。《仪礼·丧服》曰："大夫之適子为妻。"郑玄注云："降有四品：君、大夫以尊降，公子、大夫之子以厌降，公之昆弟以旁尊降，为人后者、女子子嫁者以出降。"郑玄将女子子出降和为人后者的出降归入同一类；《仪礼·丧服》曰："为人后者。"《传》曰："何如而可为之后？同宗则可为之后。何如而可以为人后？支子可也。"这都表明，女子子和可以为人后的支子，因同宗而都拥有可为人后的宗法地位。

妇人出嫁不绝宗的原理体现在姓氏制度上，就是在当今的香港地区，妇人出嫁后可以冠夫姓，但也不会放弃自己的本姓。而在当今的内地，妇人出嫁并不改姓，也不冠夫姓——这说明，出嫁改宗制度在内地已经彻底废除了。母亲、祖母、外祖母可以将自己的姓氏传承给子女甚至跨代传承给孙辈，更能说明女儿也是传后人这一宗法制所蕴含的东西，已经从理论变为现实。

如果说一百多年来中国亲属法的最大变迁是废除了妇人的出入改宗，"亲亲""尊尊"的原理并没有废，那么我们可以认为，"两头婚"的实质是使父系亲属和母系亲属都成为"宗亲"。在独生子女政策推行最力的年代，我们在中国各地村庄的墙壁上，都曾看见过"女儿也是传后人"的大幅标语。中国宗法制中有"为人后者为之子"[36]之说，在理论上，

---

[36] 周飞舟，《为人后者为之子》，见吴飞编，《婚与丧：传统与现代的家庭礼仪》，宗教文化出版社，2012，页91—107。

可"为人后者"当然并不限于男性。从这个角度看,"两头婚"中所贯彻的"女儿也是传后人"这一双系继嗣或两可继嗣的精神,是对中国传统宗法制的返本开新。

后　记

2013年秋季开学不久，我在人人网上闲逛，偶然看到一份清华大学社科学生会学习部整理的《选修课手册》。《手册》收集了清华文科加上医学院共43门选修课的信息，按"含金量""轻松度""给分好"三个指标进行打分。我从2010年秋起开设的一门全校通选课"法律与文学"也在其中。学生给这门课的"含金量"打了五颗星，"轻松度"打了一颗星，"给分好"则是三颗星。

我觉得学生的评价还是蛮准确的。课程含金量较高而轻松度极低正是这门课追求的。至于给分，这门课追求的并不是高或者低，而是公正。这一点，《选修课手册》的作者是这么说的："最终分数方差较大，100分高分有之，刚及格者亦有之。老师偏爱思维出众者，但对足够努力的学生也很仁慈，因此成绩基本和用心程度成正比。"一点不错，正是如此。

说起来，"法律与文学"这门课开设的时间并不长。2004年我刚到清华的时候，已经在清华工作了七八年的一位老同学就警告我，不要给这帮理工科孩子开课，他有很不愉快的经验。"究竟理工科的专业课还是太重了。"他说，"这帮孩子学了一天的专业，还有写不完的作业，晚上上你文科的课都是来休闲的。说单口相声他们最欢迎"。

虽然我们做学生的时候都上过这种单口相声课，并且上课的时候也和大家一样欢乐，但说相声的本领却从来没学会。所以这事就搁下了。

直到2006年春甘阳老师专门从香港到清华上"莎士比亚与政治哲学"一课取得成功之后，我才相信，给理工科学生开精深的人文课程是完全可行的。那次课上，一些理工科低年级学生交上来的作业，文科高年级学生也未必写得出来。比如，一名叫郑思思的热能系热动53班大一学生，在老师的启发下，发现了贯穿《理查二世》、《亨利四世》上下、《亨利五世》四联剧中的"镜子"意象以及"镜像人物"的结构，写出了才华横溢、令人至今难忘的课程论文《历史的镜子》。这篇作业，后来和其他几篇学生作业一起登在《国外文学》上。[1]

一 教训

跨踏了几年之后，2010年秋，我也面向全校开出了一门文化素质选修课"法律与文学"。如何让学生相信这不是一门水课？这是第一个颇费思量的问题。

什么是水课？一位2013年秋选修过本课的文科大一学

---

[1] 课程报告和几位同学的作业见赵晓力、吴飞，《"莎士比亚与政治哲学"：一次以经典细读和小班讨论为核心的通识课程试验》，《国外文学》2006（4），页17—37。

生这样说：

> 作为一个大一新生，我对大学充满了各种不切实际的想法，我渴望建立自己的思维方式，渴望成为一个有思考力和表达力的人。我怀着极大的热情去听了很多课，但是非常悲哀地发现文科的水课是如此之多。我在大一上的专业课也是水得一塌糊涂，并不是说闲扯、讲故事就是水，可怕的是为闲扯而闲扯，为讲故事而讲故事。

老师讲得水的课是水课，这是学生判断水课的首要标准——相当于上文《选修课手册》中的指标"含金量"。但是，从教师的角度看，教的内容不水，但平时对学生没有阅读、思考、写作方面的要求，仅仅要求期末交一篇"论文"了事——学生称为可以"水过"的课，也应该被归为水课。我跟学生说，这种课我也上过。上了一学期，发现教室里只有一个人有收获，那就是教员。

学生不知，很多内容水的水课，就是从要求水的课演变来的。教、学相长的反面就是教、学相"水"。在学院里每年例行的教学研讨会上，我不止一次听到刚参加工作的青年老师的抱怨，刚布置学生读几篇文献，下节课很多人就不来了；稍微打分严一点，"杀手"的名声就传出去了；学生评价老师的分数关系到评职称，被学生评个后5%可不是玩的。

被学生评教评到全清华后5%这种事我也干过。那是2008年秋在清华深圳研究生院，给法律硕士两个班共205人上的半学期的"法理学"课上。那次课，我尝试在八周24

个学时的时间里,"强迫"学生阅读《安提戈涅》《曼陀罗》《威尼斯商人》三部戏剧,《鲁滨逊漂流记》《红与黑》《傲慢与偏见》三部小说,以及《秋菊打官司》《马背上的法庭》两部电影剧本。作业五篇,每篇不超过 2000 字。不幸的是,试验以失败告终,学生给我打的分数,在全清华那学期上同样类型、同等规模课的所有老师的排名中,处于后 5%。

事后总结,包括和学生当面交流,以及通过网络交流,失败的原因是非常清楚的。首先,让以接受职业训练为目的的法律硕士学生上人文通识教育课,选错了开课的对象。一名学生在评教留言中抱怨说:"整天让学生分析剧本和小说,讲的知识完全和法律没有关系,我们也理解他想尝试自己新的教学模式,想培养我们的读书思维,但是我们只是牺牲品,没学到法律知识。小说和剧本我们完全可以在家看,我们来清华不是看剧本小说的。"我曾提前一年在深圳研究生院面向法律硕士做过"法律硕士教育状况与职业发展"问卷调查,却对问卷调查数据做了错误的解读。法律硕士们对自己本科教育的抱怨,并不能解读为他们愿意在硕士阶段花费时间和精力"补课"。过去的就让它过去吧,这才是这些面临巨大就业和生存压力的研究生们真正的心态。

第二,即使有部分学生愿意"补课",在一门必修课上"补课"也是不应该的。

第三,在八周的时间里阅读这么多作品,其中还包括三部长篇小说,的确超过了大部分学生承受的极限。

汲取这次失败的教训,在清华本部面向全校本科生开设"法律与文学"时,我大概采取了这几方面的设计:

第一，通过时间预算筛选学生。"法律与文学"是一门选修课。既然是选修课，那就意味着学生可以选择课程，课程也可以筛选学生，因为所有的选择都应该是双向的。学生的时间很宝贵，用时间预算来筛选，比什么"我对文学（或者法律）感兴趣"这样的表白靠谱得多。这门课两个学分，排在晚上一个三小节的时间段里。根据各个单元内容的不同，每周上课时间或为 2 小节（90 分钟），或为 3 小节（135 分钟）。课外工作量（包括阅读和写作业）设定为课堂时间的 3 倍，即 270 或 405 分钟。总体工作量为每周 6—9 小时，平均 8 小时。我要求选课同学每周为本课留出 8 小时的时间，那些已经选了其他六门课的学生会被劝退——每个人一周都是七天，即便清华学生比别人用功，每周也要休息一天；你一周已经选了六门课，还来选这门课，就表明你要么打算"水过"这门课，要么打算"水过"其他课。将心比心，我并不欢迎那些准备以"水过"其他课为代价而准备在这门课上用功的学生。

第二，精确控制阅读量。2008 年秋失败的教训之一，就是过大的阅读量事实上会导致学生放弃阅读作品本身，而胡乱找些二手材料走捷径。为了大致算出学生每周的阅读量，我曾在几次课上对学生进行了阅读速度测试。参与测试的前后有 50 个学生。测试结果是：中文，读《美国精神的封闭》[2]第一卷，学生报告的阅读速度平均为每小时 33.7 页；

---

[2] 艾伦·布卢姆，《美国精神的封闭》，战旭英译，冯克利校，译林出版社，2007。

英文,读《最愚蠢的一代》[3]第三章或第四章,学生报告的阅读速度平均为每小时11.2页。我希望,经过一学期的训练,学生的阅读速度到期末的时候能够提高到中文每小时40页,英文每小时15页。我也大致按照这个阅读速度乘以课外时间布置每周的阅读量。经验表明,经过训练,阅读一般的二手材料,比较优秀的学生能够达到中文每小时50页的速度。

第三,合理设计作业与考试。"法律与文学"这个课从一开始就给平时作业的分值比较多。比如,2010年秋的成绩由平时作业5次(50分),加平时讨论课2次(20分),再加上期末论文(30分)构成。2011年秋,改为平时作业7次(70分)加期末论文(30分)。2012年秋,索性取消期末论文,成绩就是由平时作业8次共100分构成。2013年秋,平时作业加大到10次,每次10分,共100分。之所以取消期末论文,是因为我发现学生到期末的时候时间太紧张,很多课程要考试,很多课程要写"论文"。冲突之下,那些平时做作业比较认真的同学对"期末论文"也会敷衍。与其这样,不如干脆取消期末论文,那些坚持写作业的同学,平时就把分数挣到了,到期末的时候反而可以腾出时间来应付其他课程。

---

[3] Mark Bauerlein, *The Dumbest Generation: How the Digital Age Stupefies Young Americans and Jeopardizes Our Future (Or, Don't Trust Anyone Under 30)*, Penguin, 2009.

二 从何美欢老师那里学到的

清华法学院曾经有一门神奇的课程，那就是何美欢老师开设的连续四个学期的"普通法精要"（一）至（四）。何老师于2010年9月不幸遽然离世之后，[4]清华法学院启动了一项计划，召集上过何老师"普通法精要"（一）至（四）的同学，包括已经毕业在律师所执业的学生，抢救整理何老师的教学法。我和廖莹老师受院里委托主持这项任务——说是主持，其实是通过何老师的学生，隔着阴阳接受了何老师的教学法培训。工作持续了一年，于何老师逝世一周年前夕完成了一本《理想的专业法学教育》，[5]这本书和何老师生前出版的《论当代中国的普通法教育》[6]一书对看，基本可以从学、教两个方面看清何老师的课程设计宗旨。

学生对何老师这门课训练"智能技能"的部分印象最为深刻。[7]"授人以鱼不如授人以渔"，教育要从知识传授转变为能力培养和价值塑造，这些道理人人都懂，但具体怎么做可就不一定了。而在何老师对课程材料的取舍和安排中，就能看出她的匠心。

比如，"精要"（一）和（二）用于训练的普通法案例一

---

[4] 这里无暇缅怀这位伟大的教师。请看学生和同事的回忆：王振民等，《君子务本：怀念清华大学法学院何美欢老师》，中国政法大学出版社，2011。
[5] 何美欢等，《理想的专业法学教育》，中国政法大学出版社，2011；何美欢等，《理想的专业法学教育》（修订版），清华大学出版社，2016。
[6] 何美欢，《论当代中国的普通法教育》，中国政法大学出版社，2005。
[7] 何美欢等，《理想的专业法学教育》（修订版），页45—64，87—133。

共有43个，A4纸打印出来有668页之多。这个量并不稀奇，今天美国法学院任何一门一年级课程都是这样。但不同的是，何老师用的这些案例全都是"未经编辑的不加评语的"原始法官判词，而不是今天美国法学院全面使用的经大幅编辑并加编者评论的 *Cases and Materials* 系列教材。——经大幅编辑并加编者评论的法官判词，只反映编者的价值倾向和知识结构，年复一年使用这种教材，已经被认为对美国法学院学生批判性阅读能力的全面下降负有责任。用何老师的话说："经编辑过的材料不能给学生学习辨识文件中相关的与不相关的东西的机会，不能给学生观察不同文件之间的同异的机会，也不能给学生从阅读文件本身形成原创的虽然不是新颖的思想的机会，而无法获得的这一切正是批判性阅读技能的基本功。"[8] 何老师的普通法教学，接续的其实是更为严格素朴的卢埃林传统，而不是流俗的兰德尔方法。

经过何老师原始法官判词阅读训练的学生，不光在进入律所后能够迅速上手——因为现实中的任何法律文件，都是原始的、未经编辑的——甚至在阅读其他类型的文本时，也能迅速克服困难。比如，有一次我在"现代西方法哲学"的课上布置阅读密尔那篇夹缠的《功利主义》，唯一读下来的只有一个学生陈慧怡，她就是被何老师训练过的。

通过和何老师的学生一起回顾她的教学法，我意识到，何老师教学生读普通法判例，"法律与文学"这门课教学生读戏剧、小说、电影，何老师教学生如何像写出那些判词的

---

[8] 何美欢，《论当代中国的普通法教育》，页142。

法官那样思考，我则教学生如何像作者或批评家那样思考，原理都是一样的。在能力培养这一点上，专业课程和通识课程没有区别。2013年秋有一位上了一次课的学生退课后，在"给未来选课同学的告诫"中是这样写的：

> 法律与文学，多吸引人的名字。我在期待分析文学的新的角度。感觉却是，像分析案卷一样在剖析文本：案发何时，地点何处，过程如何，凶手是谁。那样纯粹的理性的角度，如同验尸官在检查一具冰冷的尸体，找线索，报数字，做推理，帮助断案；而不是面对活生生的人，人间的人。
>
> 太难受了，与我认为的文学相差太远。文学是这样的吗？
>
> 文本细读是很好的事，这样做的确可以有许多新的发现。
>
> 不过，从人学上，这样于读人意义何在。从美学上，更是毫无美感可言。从哲学上，也看不到什么形而上的探讨。其余的基于文学的赏鉴？社会的投射？历史的观点？比较？批判？——也都没有看到。

这位同学的描述是准确的。"像分析案卷一样剖析文本"正是这门课要训练的，这个过程并不那么有趣，甚至非常枯燥，因为会破坏阅读的快感，也不是普通读者，或者任何人读第一遍时需要做的。但这却是任何作家或批评家下笔前需要做的功课。比如，以鲁迅的《祝福》为例，普通读者并不用历数祥林嫂鲁镇生涯的每一年里都发生了什么,但是,鲁迅在写这个故事时却必须预先规划清楚。普通读者也容易忽略鲁迅对祥林嫂第一个夫家家人年龄的看似闲笔的交代:祥林嫂二十六七,死去的丈夫十六七,小叔子十多岁,婆婆三十多岁。但批评家却必须注意这里是否在暗示祥林嫂是童养媳,而这对于理解祥林嫂无家可归的悲剧是大有关系的。[9]

何老师在阅读能力训练方面给我的第二个启发是,材料的安排应该遵循先易后难的原则。

这个道理太浅显了,以至于连何老师都不小心犯过这方面的错误。曾经有一次"精要"(一)课的判例是以学术的逻辑编排的,学生阅读的第一个判例就是衡平法的,判词非常难读,"对很多同学造成了挫折感"。何老师说:"只有内地的学生的毅力才挽救了局面,换了另一个地方,这个课程必然惨败收场。"[10]

以知识传授为主的课程,应该按照学术逻辑展开;但以能力培养为主的课程,却不一定如此。何老师的"精要"(二),选的是英美侵权法判例。按历史发展,当然是英国判例在前,美国判例在后。美国判例是在英国判例基础上形成的,这是学术逻辑。但是,对学生来说,英国判例比美国判例难读得多。为避免一开始给学生造成太大的压力,何老师最终把判例的编排顺序调整为美国判例在先,英国判例

---

[9] 符杰祥、唐伟,《经典阐释的"大意义"与"小问题":以祥林嫂疑案的日常生活解读为中心》,《海南师范学院学报(社会科学版)》,2006(6),页10—14。
[10] 何美欢,《论当代中国的普通法教育》,页160。

在后。

"法律与文学"汲取了这个经验。这门课并不是文学史，也不探讨任何文学或法律的理论，用意只不过是通过有限的几部中西古今文学经典，探讨中西古今对不同传统，对"家庭"或者"政治共同体"的基本想法有什么不同。第一个主题我一般是用《秋菊打官司》或者《祝福》开头，第二个主题一般是用《马背上的法庭》或者《1984》开头。这些电影、小说，学生或者读过，或者至少听说过。接下来的每个单元，文本会一次比一次难一些，作业也会一次比一次难一些。刚开始的作业都是给题目的，只有到最后一两次，才给一个范围让学生自己命题。——对于大部分学生来说，自己命题才是最难的。

考虑到这门课面向全校，选课的学生什么层次都有，颇类似于以往农村小学中的"复式班"，我最初在设计作业题目的时候，每个单元都是既有"客观题"，又有"主观题"。客观题训练细读文本的能力，主观题给那些已经具备这个能力的学生，在细读文本的基础上做一些发挥。但我却低估了人都有偷懒的倾向，不愿细读文本的人也会选主观题。2013年秋《李尔王》那一单元给了三个题目，大部分学生选了"评论托尔斯泰对《李尔王》的批评"，很多人把它写成了一篇中学生的"读后感"。只有少数学生选了需下笨功夫的第二题："找出《李尔王》中所有的'Nature'，评论丹比的'两种自然'"，第三题："参考杨周翰的《〈李尔王〉变形记》，评价《李尔王》的各种中译本（如朱生豪、孙大雨、梁实秋、卞之琳、方平等）对一些关键词语的翻译"，既花工夫，又费脑筋,居然没有一个人选。一怒之下,我将《李尔王》的学习时间从原来的两周延长为四周,又加了一次作业,第三题全体必做。果然第二次作业的质量明显提高。

《李尔王》延长为四周后,原计划的《安提戈涅》《窦娥冤》两个单元取消。课程最后结束在《红楼梦》上。《红楼梦》也是两次作业,第一次全都是"客观题",第二次才是"主观题"。这样安排之下,第二次作业"任选一人做《红楼梦》人物论",达到了这学期作业的最高水平。

这个课是秋季开,一般是在11月下旬或12月上旬,课程的难度达到顶峰。当然,能坚持到那个时候的学生并不多。

2010年秋,课容量200人,选满,补退选后课堂剩下30人。期中退课后剩下16人,其中不交作业5人,真正上下来的有11人。

2011年秋,课容量200人,选满,补退选后课堂剩下30人。期中退课后剩下13人,其中不交作业3人,真正上下来的有10人。

2012年秋,课容量100人,选满,补退选后课堂剩下50人。期中退课后剩下28人,其中不交作业2人。真正上下来的有26人。

2013年秋,课容量100人,选满,补退选后课堂剩下65人。期中退课后剩下26人,其中不交作业3人,真正上下来的有23人。

三 在新雅书院上"法律与文学"

2014年秋,清华大学成立新雅书院,进行通识教育的改革试验。第一年参加试验的有建筑学院、航空航天学院钱学森力学班、生命学院、法学院一百多名学生。这些学生需要在一二年级选修新雅书院组织的四门人文社科的通识"硬课",以完成他们培养计划中的13学分的文化素质课任务。[11]

新雅书院的这些通识课都是小班课,每个班不超过三十人,配备两个研究生助教。有了助教,以往这门课学生意见最大的两个问题——作业批改和课下讨论——都可以得到解决。以往每单元作业我只能给学生一个分数,最多有一两句批语。原因很简单,没有时间。我曾经试过,仔细批改一份两千字作业平均需要30分钟,30份作业批下来需要15个小时,就是两天的工作量。一学期两门课都这么上,别的事就别干了。当然,也不是所有大学老师都像我这么计较。我曾经在何美欢老师生前问过她在教学上一周花费多少时间,她的回答是60个小时。何老师对学生的作业批改非常认真。但是,众所周知,何老师最后也是累死的。关于课下讨论,以往课程没有专职的助教,无法在课堂外安排讨论,除了有限的课堂讨论,平时讨论只能通过"网络学堂"进行。有了

---

[11] 经过两年试验,从2016年秋,新雅书院开始独立招生,学生进入书院的第一年不分专业,以接受文理通识教育为主,大一结束可选择清华大学任何人文、社科、理工、艺术专业继续学习。

助教，课下小组讨论的问题就迎刃而解了。

2014年秋，新雅"法律与文学"选课人数为28人，其中建筑学院7人，钱学森力学班8人，生命学院8人，法学院4人，社科学院1人。[12] 大部分学生中学时属于理科生。不过，作为大一新生，他们身上专业的特色很少，中学教育和长时间备战高考带来的共性则很多。这次开课，最费心思的是如何和中学教育衔接。

首先，在文本的选择上，我选了学生以往在中学语文课或课外读过的《祝福》《鲁滨逊漂流记》《威尼斯商人》《红楼梦》等，也选了在中学生中并不流行的《局外人》、《李尔王》和《安提戈涅》。但去掉了一些过于复杂的文本，如福克纳《去吧，摩西》[13]，避免给学生造成太大的压力。

但课程教授的文本细读方法却要突出和中学语文课的不同。在准备《祝福》课的时候，我特意查阅了知网上中学语文老师发表的关于《祝福》的上百篇研究文献，发现中学同行们普遍重主题归纳而轻文本细读。比如，中学语文老师会告诉学生《祝福》的主题是"反封建礼教"，这并没有什么错。但这个结论是如何从文本中得出来的？小说是鲁迅写的，祥林嫂的故事是鲁迅设计的，可鲁迅设计的故事却是：卫家在卫祥林死后仅仅一年，就把服丧未满的儿媳妇祥林嫂卖到贺家——这根本违反了礼教；贺老大在兄弟贺老六病死

---

[12] 其中一名法学院学生和一名社科学院学生不是新雅的。新雅课没有选满的空余名额开放给全校。
[13] 《去吧，摩西》是2013年秋舒炜帮我上的。以往每年舒炜都会帮我上一两次课，同时也顺便教教我。谢谢舒炜。

和侄子阿毛不幸惨死之后，就立刻来收屋并赶走服丧未满的弟媳妇"祥林嫂"，不但违反了礼教，甚至还违反了当时的法律——从1369年《大明会典》开始到1930年《中华民国民法》"亲属编"之前，通行500多年的封建法律都要求："妇人夫亡无子守志者，合承夫分，须凭族长择昭穆相当之人继嗣。"[14]也就是，贺家大伯这时候符合礼教和法律的做法是过继一个子侄给"祥林嫂"做儿子，以使亡者得到祭祀，使生者得到赡养。

鲁迅的小说首先是给1924年的读者写的，我在这里给学生补充的那个时候礼教和法律的背景知识，对当时的读者来说都是常识。既然是常识，那么问题来了：鲁迅设计这些情节，到底是为了说明礼教吃人，还是为了说明没了礼教的约束，才导致祥林嫂被吃？这些问题，如果在中学的泛读中没有机会提出来的话，必须在大学的精读和细读中被提出来。

这涉及中学教育和大学教育的不同目的。包括中学教育在内的初等教育只要求培养合格的"读者"，中学的鲁迅课还承担公民教育的任务。让学生接受"反封建礼教"这个现代共和国的公民常识并没有什么错，但大学教育不能限于此。大学还必须培养"作者"，也就是文化和价值的创造者以及维护者，能够对诸如"封建礼教"这样的东西的正反面价值进行全面衡量的思想者。现代大学教育如果已经培养不出曹雪芹或莎士比亚那样的天才的话，至少要试一试培养鲁

---

[14]白凯，《中国的妇女与财产：960—1949年》，页58。

迅那个高度的思想者。

培养下一个"鲁迅"的前提是理解前一个"鲁迅",侏儒首先要能够爬在巨人的肩上,有了那个眼界后才有可能成长为下一个巨人。[15]这就要求读者能够贴着鲁迅的笔端,到鲁迅的头脑中去揣摩鲁迅的思想。我要求学生,阅读经典文本的精度,要达到作者写作的精度。假如鲁迅在小说中用了毫米级的微雕手法,你站在10米开外是看不见的,必须凑近了到字里行间去看。

比如,《祝福》里有两段祥林嫂以"我真傻,真的"开头的诉说。如果我们仔细比较这两段文本,马上就会发现,祥林嫂第一次诉说比以后的诉说多一句话,就是"阿毛是不到别家去玩的"。阿毛,一个两岁的小朋友,听妈妈的话,不到别家,包括大伯、二伯一直到五伯家去玩,这是否在暗示,直到"祥林嫂"给贺老六生了儿子,贺家合家上下,都没有真正接纳"祥林嫂",不承认她是"六嫂",不承认她是"阿毛妈"?如果是的话,阿毛被狼吃了之后,大伯立马来收屋,也就有迹可循了。

但问题不止于此。鲁迅在写下祥林嫂的第二段诉说的时候,恰恰去掉了这个句子。我们不能假设,鲁迅在复制粘贴的时候操作失误。我在课堂上给学生的一个解读是,当鲁迅笔下的祥林嫂不再说"阿毛不到别家玩"的时候,她已经宽恕了那些不接纳她的大伯二伯们,也不再怨恨他们没有提

---

[15] 参见阿兰·布鲁姆,《巨人与侏儒:〈格列佛游记〉述略》,载《巨人与侏儒:布鲁姆文集》,张辉选编,秦露等译,华夏出版社,2003,页349—366。

醒她，春天村子里也会有狼来。她宽恕了这些人，把阿毛遭狼的所有责任揽到自己身上（"我真傻，真的。"）。这是一个母亲的、伟大的恕道；当鲁迅抹去这个句子的时候，我们知道，鲁迅深刻地理解了这种恕道；当然，我们也知道，鲁迅毕生痛恨这种恕道，将之视为一种"奴隶道德"。在1926年写下的《铸剑》中，鲁迅塑造了另外一个用儿子的生命为丈夫复仇的不宽恕的母亲和妻子的形象。鲁迅的不宽恕是他完全了解这种恕道的情况下做出的选择。

我在课堂上会如此这般地对《祝福》进行"毫米级"的细读示范，同时也要求学生举一反三，自行对《孤独者》《在酒楼上》《离婚》这种主题更为微妙的文本进行细读练习，目的是让学生尽快从应付高考习得的应试型阅读理解习惯里解放出来，从被动机械的阅读理解转变为主动深入的阅读理解。

针对新雅大一新生的知识储备，我在选择《祝福》参考文献的时候，较多地选择了背景性的文献，包括传记性的，如周作人的《〈彷徨〉衍义》；社会学的，如费孝通《江村经济》；以及法律方面的，如白凯《中国的妇女与财产：960—1949年》。本课名为"法律与文学"，但并不是通过文学文本学法律；通过参考文献补充的法学和社会科学知识只是作为背景，帮助学生理解文学经典。我希望，学生能在课程的帮助下，进入人类文化中那些最为卓越的大脑直至其沟回，那些最为敏感的心灵直至其孔窍——当学生见识过这些大脑和心灵之后，或许总会产生见贤思齐的可能性吧。

作业难度按循序渐进原则设计。八次作业，前七次一次比一次难,但每次不是难很多。最后一次作业带有考试性质,难度降到平均水平。讨论训练也按照循序渐进原则进行。第一次讨论由教师主持,确立讨论的规则;学生学会写作业之后再安排助教带领的小组讨论,让学生明白大学里的学术讨论不是电视上的大专辩论,不是发表个人演说,不是抬杠,要能清晰地表达自己的想法,也要有耐心听取别人的想法。

自开设"法律与文学"这门课以来,我自己觉得最愉快的经历,还是给新雅书院的一年级学生上课。学生还保持着高中形成的良好的学习习惯和时间观念,基本上没有受到学长们乱七八糟不靠谱的"清华成功学"的影响;新雅集中住宿使得他们在宿舍里随时能够讨论问题,而不像以往选课的学生,经常有独学无友的苦恼。新雅学生的成绩,不管是平均分还是最高分,也远远超越了开课以来历年来的记录。

四 关于本书

2017年以后,因为要给新雅哲政经的学生上"政治哲学"一课,这门"法律与文学"就没有再开。2021年,甘阳老师提议编辑新雅通识课讲义,"法律与文学"也纳入其中。为此,我又在2022年春重开此课。

此次课程以"父亲"为主题,选择文学文本包括鲁迅《彷徨》中的《祝福》《孤独者》《离婚》,加缪的《局外人》,卡夫卡的《变形记》,莎士比亚的《威尼斯商人》和《李尔王》,关汉卿的《窦娥冤》,以及曹雪芹《红楼梦》涉及探春的第 37—38、46、55—56、74、78 回。此次退课学生有 12 人，最终选课 16 人，其中女生 12 人，男生 4 人，是历次男女比例最悬殊的一次。与以往不一样的是，本次我布置了两次创作作业，其中一次是"想象你变成了某种东西，写一短篇小说《变形记》"，作为卡夫卡《变形记》那一单元的作业。作业里有人想象自己变成了雕塑、镜子、鼠标、人工智能玩具甚至二氧化碳和氧气，有人想象自己变成了刺猬、鸽子、猫、贵宾犬，有三人想象自己变成了鱼，分别是鱼塘中的鱼、浴缸里的鱼和冰箱里的一条死马鲛鱼。最有才华的一篇是想象自己变成了雨，一场下在自己家阳台的、淅淅沥沥的、淋湿了父母家人的雨。这里我要告诉同学们，文学是伟大的，你们想说的，我都听懂了。

另外一次创作作业是"以家庭关系为主题，写一幕剧本"，作为读完莎士比亚和关汉卿之后的作业。我给学生推荐的素材是鲁迅、周作人、周建人兄弟三人的家事，并建议可取名《八道湾》。可惜没人写这个题目，读这本书的读者不妨一试。